藩政改革者　山田方谷

藩政改革者　山田方谷◉目次

第一章　元禄検地

備中国松山御領所御検地高帳

備中松山藩の藩政改革を論じる場合、その前提の一つになるのが元禄検地のことである。元禄検地は、元禄七年（一六九四）から翌年にかけて実施された。元禄検地以後備中松山藩領では、「本多中務大輔の検地厳敷」と文書に書き出すこととなり、以後備中松山藩領の百姓は困窮と疲弊を子孫に伝えることとなり、藩主板倉家時代も同様であった。そこで、備中松山藩での藩政改革の断行にあたってその要因の一つとなった元禄検地について以下論じてみたい。

元禄六年（一六九三）三代藩主水谷勝美は、一族水谷勝阜の長男勝晴を養子と定めて死去した。しかし勝晴も家督相続をしないうちに死去したので、一族郎党相談のうえ勝美の弟勝時に家督相続をと幕府に願い出たが許されず、除封となり水谷家は断絶した。

水谷氏の断絶により備中松山藩領は取り上げられ、播磨赤穂藩主浅野長矩が在番を命じられ、家老大石良雄が在番した。そして元禄七年の春、幕府は富裕の聞こえの高かった備中松山藩領の検地を姫路藩主本多中務大輔忠国（政武）に命じた。検地条目を下げ渡された姫路藩では早速検地諸般の準備に着手し、特に検地条目の取り扱い・運用について研究した。

姫路藩では、四月旧備中松山藩領から一郡一人宛て、計七人の庄屋を呼び出し、検地を命ぜられたことを伝え、領内の事情を聴取した庄屋達は、水谷氏領時代たびたび検地が行われて、一カ村に幾通りもの検地帳（水帳）があること、村々もしばしば組み替えて、大村は分村し、小村は合併して大村にしたので、昔の村高は分かり難いと答えた。

現地作業が円滑に遂行されるよう態勢を整え、一応準備が終わった五月、いよいよ検地入りに関する現地の扱い方について、幕府の勘定方に伺い出た。その要点は、今回の検地にあたって、水谷検地の検地帳を使用してよいのか、古高と検地による新高との比較はどうすればよいのかであった。これに対する返答は、水谷氏の代々の内証の検地帳は幕府に不用である。どんなに村を分合してあっても、今の村は古高いくらと調べて、その差を差し出せというにあった。幕府による今回の検地目的が、各村の古高と新高との増減、新高を知ることは明らかで、この意向にそって姫路藩による検地が行われることになった。
検地条目解釈はなかなか容易ではなかったので、姫路藩は何度も伺いを立ててその指示を得た。これが「備中国松山領御検地御条目窺覚控帳」で、これに基づいて検地は実施された。なかでも位付・石盛に関する条目は検地上最も重要なものであるが、それは次のようなものであった。

窺

田畑位付之儀、大方上中下三段に候。此度は吟味の上、地面取分能所は上々田を立候様ニと御座候者、上々・上・中・下・下々と五段ニ位付可レ仕候哉。

御返答

村々田畑位付之儀、上々・上・中・下・下々と五段ニ仕候様にと被二仰渡一候。

窺

上々畑・麻畑・茶畑・下々畑・山畑・焼畑・砂畑其外ニ茂所ニゟ段々ニ立レ之可レ申と御座候ハ、此紙面茂右ニ書付申、田地同様ニ可レ仕儀ニ御座候哉。

御返答

畑之儀仕方田地ニ同断。但焼畑之儀見分之上、高ニ難レ入所者見取場と致、水帳之外書ニ致候様ニ被二仰渡一候。

窺

屋敷は古来より上畑並ニ候間、石盛上畑可レ為同事と御座候儀奉レ得二其意一候。

窺

石盛大方縦之間、二ツ下り候得共、土地ニゟ二ツ下限間敷と御座候者、地面能所に而者、壱ツ下りニ茂仕、悪敷所ニ而者三ツ下りニ茂仕候儀ニ御座候哉。

御返答

村々田畑位付之儀、其村之地面ニ応じ相究、石盛茂土地相応ニ致可レ申候。且又地面悪敷村ニ而上々立かたき所者、上々を除き上より位付致、尚又地面悪敷村ニ而御座候者、上を除キ中より位付仕候様ニ被二仰渡一候。焼畑之儀、見分之高ニ難レ入所者見取場と致、水帳之外書ニ致置候様ニと被二仰渡一候。

窺

但し位付の儀、其村の案内申付候百姓に為レ致二誓紙一候以後、田畑の古検之位に不レ構壱弐付の位、所により一より十五迄段々為二位立一、帳面取之検地役人の人々見分し、引合遂二吟味一、上中下可二相極一事と御座候は、

上ノ上

上ノ中　中同断　下同断　下々同断

上ノ下

右之通段々ニ付サセ、検地役人見分と引合、位付是又段々ニ相極可レ申候哉。

御返答

位付之儀、一より十五六迄百姓ニ番付致サセ、一より三迄ヲ上々ニ致、四より六迄ヲ上ニ、七より九迄ヲ中ニ致、其外者准レ之候旨。但し五段之位付御百姓付兼候時右之通ニ可レ仕候。若御百姓番付の地面と相違御座候時者、御検地奉行之見分と引合、遂二吟味一相極候様ニと被二仰渡一候。

村々の田畑の位付については、上々・上・中・下・下々の五段とし、石盛についても、土地相応にすべきなどとした。

検地の諸準備を整えた姫路藩では、検地惣奉行藤江善右衛門以下の検地役人が、備

中松山城下外曲輪の侍明屋敷に在宿して検地を開始した。検地六尺一分の間竿、一段を三〇〇歩とする基準で算定されたが、検地の竿加減はきわめて厳しいものであった。各村の検地が終わると、「各村五ヶ村の五ヶ年の取ヶ平均及び石盛付立」の伺書が勘定所（幕府）に提出された。勘定所はそれによって旧備中松山藩領は新検地によって領内は何万石の高に決めると決定して、姫路藩に命じて新検地高に合うように各村の検地帳を作成させ、各村へ新検地帳を下げ渡した。示された新高は、一一万六一九石八斗一升二勺であった。表高五万石の旧備中松山藩領は、水谷氏による数度にわたる検地によって、元禄六年（一六九三）には内高八万六〇〇〇石余になっていた。これは、表1にみられるように玉島地域を中心とする新田開発による新田増加などによるものであった。

　水谷氏時代の度々の私検地により八万六〇〇〇石になったことにより、百姓は困窮し、

　　毎年之御定米地方ニて難レ納、百姓共奉公仕り、又ハ日用等相勤、漸々ニ御納

表1　水野氏時代新田開発表

新田名	面積（町歩）	完成年	藩主名	担当者
長尾外新田	三〇	寛永一九年（一六四二）	水谷勝隆	
船穂新田	二六〇	正保元年（一六四四）	〃	
勇崎内新田	五〇	正保三年（一六四六）	〃	
玉島・上成・爪崎新田	三八七	万治二年（一六五九）	〃	大森元直
勇崎外新開	六〇	寛文六年（一六六六）	水谷勝宗	中塚長太夫
黒崎内浜新田	三二	寛文六年（一六六六）	〃	
阿賀崎新田	一二〇	寛文一〇年（一六七〇）	〃	佐治三衛門
勇崎押山新開	一〇	延宝三年（一六七五）	〃	中塚長太夫
柏島森本新開	二三	延宝三年（一六七五）	〃	
柏島主水町新開	三	元禄元年（一六八八）	〃	

所仕候。それ故百姓毎年扶持方指詰申ニ付、追種米夫喰米牛銀等拝借ニ而耕作仕候。（中略）数年困窮仕難儀之上、又々大分之出高ニ而めいわく仕候。

と訴えざるを得なかった。古検地によって「御定米之儀者不レ及レ申、高懸之小物成諸役等迄悉増御座候而迷惑仕」であったから百姓は定米納入にあたって奉公や日用（日雇）などをせざるを得なかったのである。

しかも百姓がかかる状況下にあったにもかかわらず、上意の検地を理由に検地帳を見せずに、庄屋・組頭・案内の者に盲判を押させたものであったから、この新高を知った庄屋・百姓の驚きが大きかったのは当然であった。

表2は、水谷検地と元禄（本多）検地を比較したものであるが、これによっていかに元禄検地が過酷なものであったかが分かる。なお、水谷氏の私検地では、上々田一石九斗、上田一石八斗、それより下は山田まで段々二斗下りであったからそれをも上回っていたのである。

表3は、検地集計高を郡別に示したものであるが、これによってその比率を見ると浅口郡以外は、それほど比率に大きな違いが見られないのに対して、浅口郡が他と比較して四・七になっているのは、新田開発の結果によるものである。

幕府は一方的に地詰・位付・石盛を上げてまで過酷な検地を行ったのであろうか。それは幕府財政の破綻を検地による出高によって救おうとしたことにあったといえよう。このことは哲多郡蚊家村の庄屋覚書によってうかがうことができる。

表２　水谷検地と元禄（本多）検地比較表

石盛 位付	水谷検地						元禄（本多）検地					
	上村		中村		下村		上村		中村		下村	
	石	斗	石	斗	石	斗	石	斗	石	斗	石	斗
上々田	1	8	1	7	1	6	2	0	1	9	—	—
上田	1	6	1	5	1	4	1	9	1	8	1	8
中田	1	3	1	2	1	1	1	7	1	6	1	6
下田		9		8		7	1	4	1	3	1	3
下々田		5		4		4	1	0		9		9
山田		3		2		2		5		5		5
上畑	1	1	1	0	1	0	1	2	1	2	1	2
中畑		8		7		7	1	0	1	0	1	0
下畑		5		4		4		8		7		7
下々畑		3		2		2		4		4		3
切畑		1		1		1		2		2		2
屋敷	1	1	1	0	1	0	1	2	1	2	1	2

備考　水谷検地、元禄検地は共に天領の検地。水谷検地は延宝５年（1677）、元禄検地は元禄８、９年（1695～1696）実施。元禄検地は、１村のみ元禄９年に実施される。元禄検地の内、上々田は下村ではなく空欄となっている。

表３　元禄（本多）検地集計石高表

	正保国絵図高（a）		本多検地高（b）	比率 ((b)/(a))
郡名	村　数	石　　高	石　　高	
阿賀	24	15,757石87	30,474石	1・9
哲多	57	12,591石84	22,306石	1・9
川上	17	4,189石59	8,216石	2・2
上房	16	7,977石38	18,578石	2・3
下道	6	1,915石70	4,043石	2・1
賀陽	10	3,473石15	7,633石	2・2
浅口	7	4,094石45	19,373石	4・7
合高	137	50,000石00	110,623石	2・2

備考１　水谷領は小坂部分家前の石高である。
　　２　本田検地合高と正保高との差額は60,623石（甲）。
　　３　本多検地合高と元禄初年の地高との差額約24,625石（乙）。
　　４　甲と乙との差額は、約36,000石。
（三宅千秋『備中の新田開発』より引用。一部補足）

元禄七戌年、壱年御上地と申事に候。是ハ御検地年之事也。
一右同年ゟ松山領分御検地始、播州姫路本多中務大輔様被二仰付一。
右古高五万石之所
新高十一万六百拾九石八斗一升二勺ニ成り
内
古高五万石ヲ引
残、新高六万六百十九石八斗壱升二勺　御打出し、出高に相成候。
内訳
壱万四千八百七十七石五升六合壱勺　遠州浜松領ニ相成候。
壱万六千百拾五石三斗四升八合壱勺　当国新見領ニ相成候。
壱万二千石　丹波亀山領ニ相成候。
弐千六百二十七石四斗六合　御領所ニ相成候。
六万五千石　安藤右京進様御知行所　当国松山領ニ相成候。
古高六百四十六石九斗六合　蚊家村辻

元禄七戌年姫路御検地

新高九百二十七石壱斗二升七合四勺に相成候。

本多中務大輔様間竿六尺《ママ》ニ而、田地位一段宛上り、上々・上・中・下・下々・山と被レ遊候。

右史料中、御領所は天領、安藤右京進は二代備中松山藩主安藤信友のことである。六万五〇〇〇石の備中松山藩領を拝領したのは初代藩主安藤重博であるが、右史料は二代信友時代のものである。旧水谷藩領は四藩と一天領に分割され、天領が二六二七石余であったことにも、幕府がいかなる意図をもって検地を命じたかがうかがわれる。

元禄八年（一六九五）は凶作であったことからさらに困窮の度を増した百姓等は、「男女身ヲ売、家財衣類等代替上納仕候へ共、村之不足米大分御座候ニ付、渇命ニおよび申者多ク御座候」の惨状を呈した。

よって百姓等はたびたび江戸に上がって訴訟をし、その結果再度の検地は不可であるが松山藩領にいる代官から勘定所へ達して、「御取毛」（年貢）を引くということになったが、このことは、検地がいかに過酷なものであったかを示すものである。

水谷氏のあとを受けて、元禄八年上野高崎藩主安藤重博が備中松山藩主となり六万五〇〇〇石を領した。ところが、重博は元禄検地によるいわゆる新検の高で領地を拝領したにもかかわらず、年貢は以前の通り取り立てたので、松山藩領は次第に亡所になるという状況となった。難渋の百姓が、歎願をして位違引を獲得したのは、二代藩主信友の時であった。

次の史料は、哲多郡蚊家村の文化二年（一八〇五）の「明細書上帳」である。

一高九百二十七石壱斗二升七合四勺　　蚊家村

此段別七拾八町七段二畝八歩

高五十一石四斗五升九合　　位違引

是ハ元禄七戌年本多中務大輔様御検地、田畑畝詰リ難儀仕、追々御願奉㆓申上㆒候ニ付、安藤右京進様御領地之節、御吟味の上願通相違無㆑之ニ付、位違畝詰高内引被㆓仰付㆒。高斗引取方、段別無㆓御座㆒候。

一手余地高二百四石壱升九合

内
田高百二十六石三斗七升六合
畑高七十七石壱斗四升三合

文化二年当時の藩主は、板倉勝職である。蚊家村では、五一石余の位違引が行われるとともに、高二〇四石の手余地があったことが知られる。

手余地は、百姓が死滅あるいは困窮で家出などをしたために農村人口が減少し労働力不足となり、その結果耕作が放棄された耕地であるが、このことは貢租収入の減少を意味することになるから藩財政にとって大きな問題点であったのである。

山田方谷に学び、吏務および殖産のことに長け、文久元年（一八六一）吟味役となり元締役を仮に兼ねた神戸謙二郎は、「難村引立法」を上申して次のように述べている。

先年御検地之時上田上々田に候処、当時は中田下田之取実に及兼、是又不合地と唱候。最村方により右不合地に相反候合地并新開等有ㇾ之趣、右様之村方は宜敷候得ども、不合地之村方は如何仕法可ㇾ仕哉、往々人別相益候上惣破免に

　而致二平均一候外は無二御座一候哉、乍レ去数百年仕来を打破且御収納増減に拘り候事に候得ば得度目度相立候上ならでは不二容易一義に奉レ存候。

元禄検地の時上田上々田であったところが、現在は中田下田の取実（収穫）におよびかねるとして、人口増加の上惣破免にする以外ないではないか。しかしこれは数百年来の仕来りを破り、年貢の増減にかかわることであるので容易いことではないとの注目すべき内容の上申で、村方困窮の遠因が元禄検地にあることを指摘したものであった。

また神戸は上申書の中で領内六四カ村の内、二五カ村が「難村」の状態であると指摘している。板倉氏は定免制を原則とし、大凶作の年に限って破免検見を実施しているが、神戸が難村対策として「惣破免」、破免つまり定免法にかえて検見法を主張したのは、年貢増徴策の定免法が農民にとって利点もあるにはあったが、また貧富の差を拡大して貧農の多くが水呑百姓に転落したとの認識からであろう。

元禄検地が「古検」と呼ばれて後まで尊重されていたことは、文化一〇年（一八一三）に賀陽郡の日羽村と宇山村とが取り交わした証文に、村境は「元禄八年本多中務大輔検御検地により」とあって、これにより両村とも納得して万事解決していることによって明らかで、これは注目すべき事柄でもある。

新見藩も備中松山藩と同様に旧水谷藩領が元禄一〇年（一六九七）に分割されての立藩であっただけに、新見藩庁としても元禄検地の過酷さを全面的に認め、村々の衰退・領民の困窮が元禄検地にあることを主張せざるを得なかったのである。

旧水谷藩領で実施された元禄検地は、水野氏の断絶により天領となった備後の旧福山藩領の検地にも少なからぬ影響を与えているのである。元禄一一年（一六九九）に実施された検地は、元禄七・八年に姫路藩が藩命によって実施した旧水谷藩領の検地条目と同一であった。それだけに岡山藩によっての検地は、「左源太が来るぞ」と言えば泣く子がやめたと伝えられるほどの過酷なものとなったのである。なお左源太とは、福山検地の時検地元締役として出張した津田永忠のことである。

姫路藩による元禄検地は、備中松山藩・新見藩およびその領民に幕藩体制崩壊まで過酷な影響を与え続けたのである。

第二章

藩政改革者山田方谷

山田方谷像（小魚魚禾筆、高梁方谷会所蔵、高梁市歴史美術館寄託）

一　山田方谷

方谷は、文化二年（一八〇五）二月二一日に備中松山藩領阿賀郡西方村（現・高梁市中井町西方）に生まれ、諱を球、字を琳卿、通称を安五郎、幼名を阿璘、号を方谷といった。祖先は山田駿河守重英といい、寿永三年（一一八四）源範頼に属して転戦し、功によって備中阿賀郡二八カ村を領したが、重記の時に農業に帰して子孫は郷士格を与えられた。

方谷の父は五郎吉重美といい、日夜家業に服し、深夜室翁について書を読み、大義に通じ、気概があり、行商の際一長刀を帯び、武士の風があった。家を弟重八に譲った後、別居して製油業を始めた。藩主板倉勝職より御目見格に准ぜられ、長百姓を命じられた。

かかる家柄に長男として生まれた方谷は、五歳の時から新見藩儒の丸川松隠の門に学んだが、家系もと武門でありながら没落して現在農民となっていることを嘆いた父は、しばしば方谷を誡むるに身を立て家を興すことをもってしたし、母もこれに同意で、「佳児必ず克く父の志を成せ」と言ったことが、当時山田家が極貧の状態にもかかわらず、方谷が松隠に従学するにいたった背景となっている。

入門して来た幼い方谷を見て、松隠は、「山田阿璘童の至るを喜ぶ」の詩で、「ああこんなにすばらしい児であるお前はどこから生まれてきたのだ」と述べ、方谷が非凡な才能の持ち主であることに驚いている。

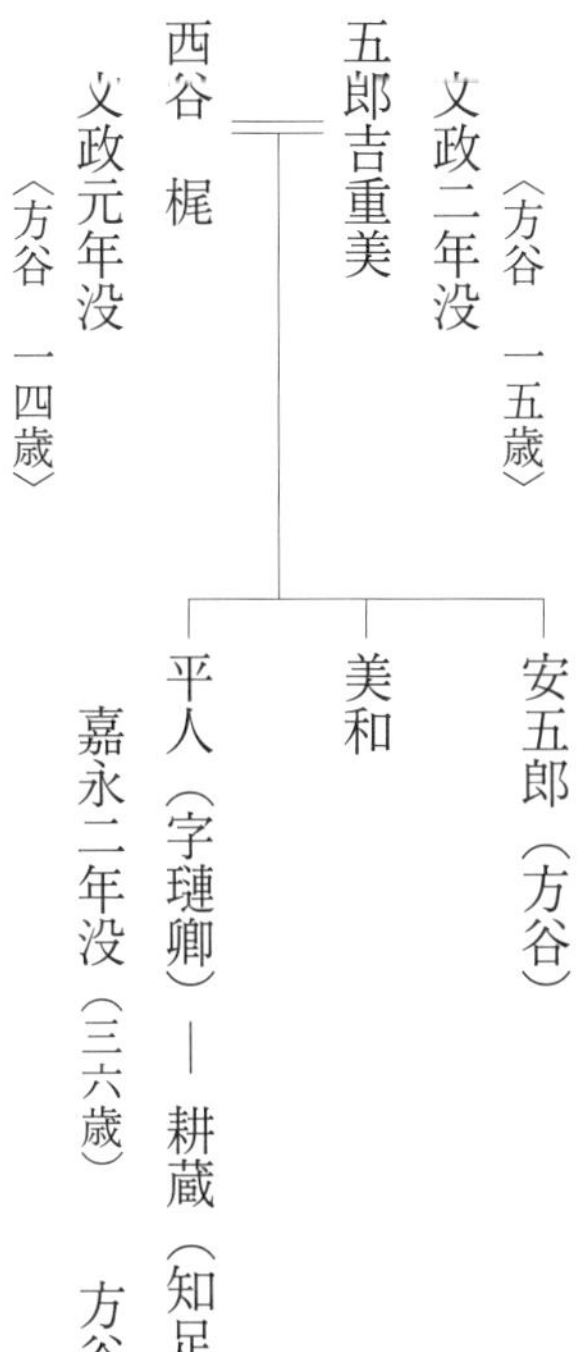

図１　方谷中心の山田家系図

方谷にとって生涯の師ともなった松隠について見ると、次のような人物であった。松隠は、宝暦八年（一七五八）新見藩領の西阿知村に生まれた。通称は一郎、松隠は号である。一五歳の時亀山如水に従学して朱子学を学んだ。寛政二年（一七九〇）松隠は大坂に出て中井竹山の学徳に感服して門人となり、懐徳堂に入った。幕府老中松平定信が、天下の賢才を抜擢しようとして竹山を通じて幕府仕官の意向を尋ねた時、松隠は「家世々新見藩に仕ふ、先人仕籍を脱すると雖も然も亦遺嘱あらず」と、代々新見藩に仕えて恩があることを理由に仕官を辞退している。そして松隠は小藩であるが、新見藩の藩校思誠館の督学、教授となっている。誠実な人物であった松隠は、「天地君親師」の五字に自分の一生の学問の精髄はあると考え、晩年は天と地との恩、君の恩、親の恩、師の恩の五恩を肝に銘じて、「天地君親師」の五字を書いて壁にかけ、毎朝これに拝礼をしていた。方谷はこのような松隠を師としていたのである。

方谷は一四歳の時、松隠よりその志を尋ねられたので、「述懐」という漢詩をもって答えている。述懐とはおもいを述べる意である。

述懐

父や我を生み母　我を育つ
天や吾を覆い地　吾を載す
身　男児たり宜しく自ら思うべし
茶《でつ》々として寧ぞ草木とともに枯れんや
慷慨　成り難し済世の業
蹉跎　奈んともならず隙駒の駆けるを
幽愁　柱に倚り独り呻吟す
我を知る者は言う我が念い深しと
流水停まらず人老い易し
鬱々として縁無し胸襟を啓くに
生育覆載真に極まり罔し
識らず何れの時にか此の心に報いん

この詞の大要は以下の通りである。父は私を生み、母は私を育てた。天は私をあたたかくつつみ、地は私を住ませてくれた。自分は男子であるので、草木と同様に枯れしぼんでよかろうか、世を済う仕事を成し遂げにくく、年月の流れが早いのがなげかわしい。さびしく柱に身をよせて思いに沈んでいる自分を見て人は考えすぎると言う。人はたちまち老いていく。苦しいこの気持ちで胸は重くるしい。父母の恩と天地のめぐみに報いる日はいつのことであろうか、というにある。この詩を読んだ松陰は、「陽気の発するところは金石もまた徹る。精神一到すれば何ごとか成らざらん」という言葉を書き与えて激励している。

これより先、方谷が九歳の時のことであるが、ある日松陰を訪ねて来た客が、「阿児学問シテ何事ヲナサント欲スルカ」と問うたところ、「治国平天下」と答えて客を驚嘆させたという。この国を治めて天下を平らかにするというこの言葉は、朱子学では必読の書物である『大学』にあるが、こうした言葉がでてくるところに歳若くして功名の志を抱いていたことが分かる注目すべき言葉である。

一四歳で母を失った方谷は、翌年の文政二年（一八一九）に父を失い、天涯の孤児となった。方谷は哀慟措かず、家居し喪に服した。父は死の直前に次のような「父五郎吉君遺訓」を方谷に対して残している。

一、母へ孝養昼夜怠申間敷事。
一、弟へ教育油断仕間敷事。
一、朝六時《むつどき》起、其日之用向夫々相定、相済候上は、自身之修行少茂怠り申間敷事。
一、夜四時《よつどき》臥、学問修業家事用向之外、無益之長起いたし申間敷事。
一、先祀を崇み、祭奠之事惰申間敷事。
一、勤倹質素を守り、総じて保家之道油断仕申間敷、并米銀出入割薄之取計仕間敷事。
一、容躰端荘、言語忠信、総而進徳之行勤勉可ㇾ仕事。
一、飲食衣服、并土木器翫無益之嗜み、念慮に挟申間敷事。
一、博奕邪声酒宴遊興之事、諸般之百戯、無益之費へ仕申間敷事。
一、男女曖昧之事、痛く警戒可ㇾ仕事。
一、悪友に交り、利誘に随ひ、外欲に蔽れ申間敷事。

一、　郷閭比党患難疾病、懇に相尋、交誼を篤くし、和睦之道相忘申間敷事。

一、　内外掃除、室屋漏欠、及丙三等油断仕間敷事。

右一二（ママ）条堅く相守り、家政相整、慈親之孝養、幼弟之撫衣、専心を尽し、夫子之教を宗とし、先人之志に従ひ、学業之道無二怠慢一、日夜出精可レ仕候。

右の遺訓は内容が多岐にわたっている点がまず注目される。訓戒の要点についてみると、母への孝養を尽くすことがあるが、この母とは実母の没後後妻となった継母のことである。弟の教育に対する心づかいのこと、方谷の学問修業のこと、勤倹質素を守り、米銀の出し入れに刻薄な取り計らいをしないこと、言語は忠信で、徳をつみ行いに励むこと、飲食・衣服などの無益なたしなみに心を用いないこと、賭博や邪声や酒宴遊興など多く百戯に無益な費用をかけないこと、男女のあいまいな間柄には、ひたすら警戒すること、悪友と交わり利益にさそわれ、欲に心をくらまさないこと、郷里の困窮した人や病人は、ねんごろに尋ね、親しい交際を篤くして睦み合う心掛けを忘れないことなどであった。

訓戒は多岐にわたっており、少年の方谷に対する父の心情があふれていることがうかがわれるが、先賢の志に従い、学業の道に日夜励むことが訓戒されている点は注目される。

方谷の父五郎吉がいかに学問の素養によく優れていたかは、遺訓によってもうかがわれるが、父にはなお「父五郎吉君家訓」がある。そこには、法度を守り、忠孝に励み、家業を懈怠なく務め、家内一統睦まじく、少悪は行わず、少しであろうと善事は行い、倹約をする、礼儀正しく生活することなどが記されていた。

方谷は、文政三年（一八二〇）松隠塾を去り、以後は家業と学問の両面にわたって心身の苦労を重ねることとなる。家業の製油業と販売に日夜励み、暇な時には勉学に努めた。煩わしい仕事に追われていては学問の成果は上がらないと嘆かざるを得ない状況ではあったが、亡き父母の教訓を忘れずに家業と学業に精を出して努め励んだ。

しかし、この毎日升と秤を手にして農民や商人と交わった経験は、後年大いに役立つことになるのである。後に方谷が備中松山藩の財政権を握った時、利権を追う役人や商人を相手にして欺瞞を受けなかったのは、こうした経験を持っていたからであり、このことはまた、藩政改革を成功させる大きな要因の一つになったと考えられる。

それは、会津藩士秋月韋軒が次のように語っていることによく示されている。

議論が風発して、一々肯綮に当る。その中でも一番感じたのは、布帛や米穀は勿論のこと茄子や胡瓜のその時の値段まで口にして意見を立てる。それによって方谷が実務に精通した偉器だということを知ったし、その松山藩政に実効を奏したのは、陽明学そのものではなく、むしろ方谷の茄子や胡瓜の値段までも心得ている結果であったということを知った、と。

日夜家業に精を出し、働きながら学問も疎かにしない方谷の風聞は早くから四方に広まり文政八年（一八二五）二一歳の時、藩主板倉勝職より、

農商の身にて、文学心掛け宜敷旨相聞え、神妙の事に付、弐人扶持被二下置一、以来折々学問所へ罷出、尚此上修業致シ、御用に立候様申付。

との沙汰書を賜り、二人扶持を給された。このことは、方谷にとって大変名誉なこ

とであり、また早くから方谷の資質の非凡さを知り、期待をかけていた師の丸川松隠にとっても大きな喜びであったであろう。

方谷は二度にわたって京都へ遊学している。就学の師は朱子学者寺島白鹿であるが、これは師の丸川松隠の勧めであったという。第三回の遊学中のものといわれる方谷の弟平人宛の手紙の中で、方谷は「私が学問に励むのはまことにやむにやまれないからで、亡き父の志は継がなければならない。藩主の恩には報いなければならない。そこで家をすて身を忘れ、家業をかえりみず、慈母の恩にそむき、妻子の愛をなげうつ」と述べて、学問修業への毅然たる態度を示しているのは、方谷を知るうえで注目すべき点である。

文政一二年（一八二九）九月遊学から帰国した方谷は、一二月藩主勝職より初めて苗字帯刀を許され、八人扶持を給されて中小姓格となり、藩校有終館会頭を命ぜられた。会頭は有終館の館長にあたる学頭の下にあって、講義のほか句読師や助教の指導内容をみて、時に応じてそれらの指導にあたる役である。

天保元年（一八三〇）六月方谷は屋敷を城下の本丁（現・内山下）に賜って居を

移したが、一二月には会頭を辞めている。翌二年二月城下の本丁に賜った屋敷を留守にした間に屋敷が火災に罹り、家財・書籍を焼失したばかりか、有終館も罹災するという思いがけない事件が起こった。そこで、方谷は城外の松連寺に入り謹慎した。この災厄に遭った方谷に、師の丸川松隠は一首の詩を送って「宜しく亢竜の戒めを念うべし」との訓戒を与えた。これは、雲に乗って天に昇りつめた竜は下降の悔いがある。つまりあまり昇り過ぎると危険であるという戒めである。方谷はこの戒めを守り、ますます学問に励んだ。

三月謹慎を許された方谷は、七月二カ年の遊学の許しを得て、固い決意の下に三たび京都に学んだ。上洛した方谷は朱子学を鈴木遺音の門に出入りして学び、春日潜庵らと交わり、その学識を高めた。潜庵は安政の大獄に連座して永押込の処罰を受けていた。そこで方谷は、主君板倉勝静に乞うて潜庵の処罰を解かせたので、この事実を知った潜庵が、門人に向かって、「友人として恩を売らない者は方谷である」と言ったところにも、方谷の人柄がうかがえる。

「いまだ僕をして信あらしむ能わず。その信あらしむる能わざるなり。僕いまだ信ずる能わざるなり」と、朱子の学問、その他の諸家の立言に信じさせるものがないことを悩んでいた方谷は、天保四（一八三三）年九月信じてついていける言葉に接するにいたった。それは陽明学との出会いである。この年方谷は「伝習録抜萃序」という一文を書いている。『伝習録』は、明代の儒学者で陽明学の祖である王陽明の語録であって、門人の編集した書物である。「伝習」という言葉は、『論語』に出典があり、師から教えられて習うという意味である。方谷が『伝習録』を読み、若干条を抄出して序文を書いたのが「伝習録抜萃序」である。この中で方谷は、朱子学と陽明学について次のように述べている。

朱子学の利点は、心の内のことと外のこととを合わせ、博学と集約を兼ねているから中《ちゅう》にかなっており、学習者は智者であろうと愚者であろうと、それなりに順序に従って進むことができる。これに対して陽明学は、あくまで心を主とするから、学習者によって得失がある。暗愚者が陽明学によって学習すると自分の心ばかりを師として尊ぶから稽古の功を失い、ほしいままにいみはばからない行為が起こる。しかし、智者が陽明学に学習すると、人間性の本質に悟することが速やかで、道理を判別することが果断であって、事業においてその効果をしばしば上げることができるというのである。

右の方谷の言葉からよく分かるように、方谷はよく朱子学とのそれぞれの利点と欠点とをよく弁えていたのである。そしてついに方谷は、陽明学は素質の優れた人間には効果的であるとの結論に達し、ここにおいて陽明学徒としての第一歩を踏み出すことになったのである。

かねてから東遊の志を抱いていた方谷は、天保四年一二月三年間の遊学許可を得、京洛の師友に別れを告げ、同月江戸藩邸に入り、翌年正月佐藤一斎塾に入門した。この入塾は、方谷にとって大きな意味を持っていた。それは方谷が陽明学徒としての立場を確立することになったからである。

佐藤一斎は、字を大道、通称を捨蔵といい、一斎を号とした。一斎は、岩村藩主の子が林家を継ぎ林述斎となるとその門人となり、その後、林家塾長、昌平黌（昌平坂学問所）教授となった。一斎は幕府儒官という立場上、表面は朱子学をとったが、陽明学の影響を強く受け、陽朱陰王といわれた。したがって門人としては朱子学者や陽明学者を輩出し、佐久間象山・横井小楠など多くの著名人がいた（図2）。

一斎塾にあった方谷はどうであったかというと、方谷が一斎に従学して間もない頃に新見藩士木山楓渓に宛てて出した書翰によって、入門当時の方谷の様子をうかがうことができる。

孟春念五、佐藤翁（筆注・佐藤一斎）の門に入る。翁の道は先づその大なる者を立て華を去りて実に就き、人をしてかの性命道徳の源を優游自得せしむ。ここを以て日にその教へを聞くを楽しむ。庶幾《こいねが》はくは明師の善誘に循い、良友の切偲に頼り、

と、「孟春念五」から方谷の入門は一月二五日であったことが分かる。また、一斎の指導方針にふれ、天の賦与した人間性と道徳の根源を探求し、ここに悟入することにあるので、日々その教えが楽しみであると、一斎に従学してその教えを受けることへの方谷の喜びが述べられている。方谷は、自分が終身の業とする性命道徳の淵源に悟入するということと、一斎の教訓とが合致するので、日々の教えを聞くこと

図2　佐藤一斎門人表

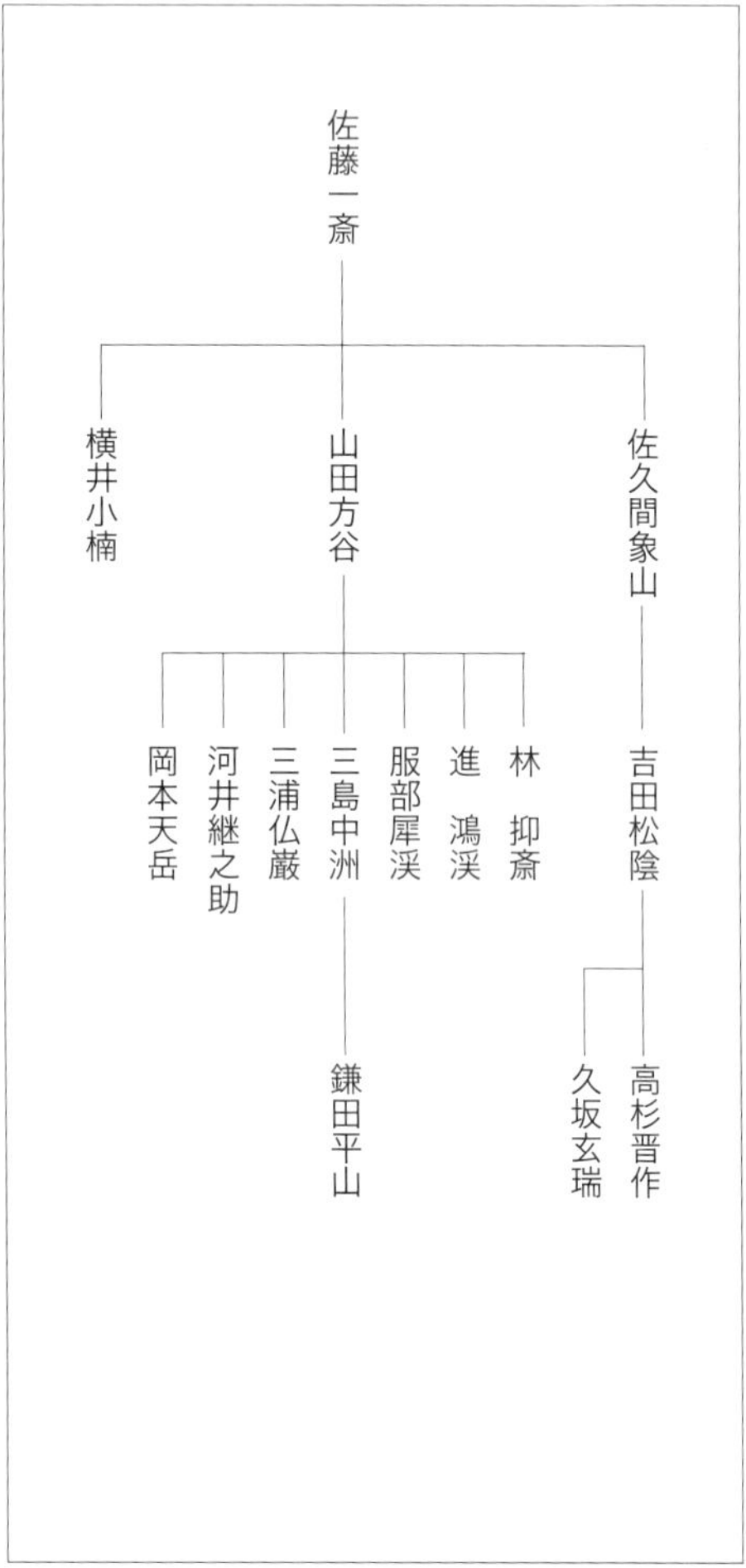

が楽しみであったのである。方谷は、一斎に学ぶことによって陽明学徒としての確信を得たのである。

方谷は、温厚篤実で博識という優れた一斎の指導を受けるとともに、良き学友と切磋琢磨という恵まれた環境のもとに、また、自らも刻苦努力して学問に励んだのである。

方谷のことを最もよく知る人物は、方谷の第一の高弟といわれた三島中洲であるが、備中松山藩に仕えた中洲は、方谷に学問実地の妙を問い、陽明学でいえば致良知のことを実地体認して、陽明学を尊奉して自己の信念としている。

この中洲が、一斎の教授法について次のように述べている。

一斎先生の考えは、朱子学を十分勉強し、学問への悟入ができてから陽明学を学んだ方がよい。学問の聞きかじりでは反ってその人のためにならないとされていました。そこで高足の弟子には陽明学の神髄を説かれ、著述はみな陽明学であります。私の師匠の方谷もそれを学んだものと見えます。私は十四歳の時から十年ばかり、直接方谷に従って学びましたが、師匠の講義は解釈をはじめ輪講に至まで、すべて朱子学でした。私が藩の役人になりました三十歳の頃、陽明学のことを尋ねると、方谷先生は熱ぽく語って下さいました。やはり佐藤流の教え方を得られたものと見えます。

一斎に学んだ方谷は、通常教える時には必ず朱子の解釈で、儒教の経典のうち最も重要な五種の書である『易経（周易）』・『書経（尚書）』・『詩経（毛詩）』・『春秋』・『礼記』の五経で講義して、軽々しく陽明学を教えなかったので、中洲は方谷は正しい教授法を身につけた恩師であるとしている。

佐藤一斎に師事することによって陽明学徒としての信念の基礎を固めた方谷の陽明学とはいかなるものであろうか。方谷は、王陽明の学問は誠意を主としており、「致良知」によらなければ誠意の本体を見ることはできず、「格物」によらなければ誠意の工夫を成すことはできないと述べ、誠意を学問の中心とすることを主張しているが、これが方谷の陽明学なのである。つまり人は欲望によって心の鏡をくもりがちとし、誠実を欠き利己的となるので、心の鏡にくもりのないように実践し努力しなければならない。この実践努力によって誠意が達成されるというのが、方谷の陽明学なのである。

佐藤一斎門下にあって二傑と称せられたのが、方谷と佐久間象山であった。象山は信濃松代藩士で字を子明、通称を修理といい、象山と号した。一斎から朱子学を学び、のち蘭学・砲術にも通じた人物であったが、生まれつき片意地、尊大で人を見下す癖があって敵も多かった。この象山と一斎塾塾長を務めた方谷が連夜激論して舎生が喧噪に堪えられず、一斎にこれをやめさせることを請うたところ、一斎はにっこりと笑ってしばらくほっとけと言った。象山が経世の術は西洋の学問よりほかはないと主張したのに対して、方谷が経世の道はわが儒学で十分だと主張したところに終夜の激論の根本的原因があったが、両者が性格的に相容れなかったこと、また、象山が朱子学、方谷が陽明学と学問的な立場の相違があったことにもその一因があったともいえよう。

天保七年（一八三六）九月遊学期限になったので、藩主勝職の帰城にお供して帰国した。佐藤一斎は方谷の帰国にあたって「わが誠心を尽くす」の意味の「尽己」の二大字を書いて贈っている。「尽己」はまさに方谷に贈るにふさわしい字であったのである。帰国した方谷は、藩校有終館学頭を命じられ、邸宅を御前丁に賜った。

帰国後、嘉永二年（一八四九）に抜擢されて元締役兼吟味役となるまでの一四年にわたって、方谷は教育に専念することになる。方谷は有終館学頭として藩士の子弟の教育にあたるとともに家塾の牛麓舎を御前丁の私邸に開いた。この名称は備中松山城がある臥牛山の南麓にあったことによる。遠近より来学する者は常に数十人に上った。その中には、旧師寺島白鹿の子義一もおり、はるばる京都より入塾した。のち塾頭となった進鴻渓は、名は漸、通称は昌一郎といった。昌平黌で四年間学び、帰国後塾を開いた。有終館会頭・学頭、撫育銀方総裁兼農兵頭、学頭兼洋学総裁などを歴任し、明治維新後は教育に専念した。また方谷の一の弟子ともいうべき三島中洲も一四歳で入塾している。中洲は、名は毅、通称は貞一郎、中洲・桐南と号した。一九歳で塾頭となり、その後昌平黌に入り佐藤一斎に師事した。三〇歳の時、方谷の勧めで備中松山藩に仕え有終館会頭・学頭となる。奉行格となり洋学総裁を兼ねるなどした。明治維新後、虎口渓舎で子弟の指導にあたっていたが、徴命により明治五年（一八七二）九月司法省に出仕した。この時中洲は、方谷から、

足下就任の後、苟も事を処するに、至誠惻怛、国家のためにするの念に出でずして、名利の為にするの念に出でなば、たとひ震天動地の功業あるも、また一己の私を成すに過ぎざるのみ。

との訓戒を受けた。方谷の言わんとするところは、たとえ震天動地の大功業を立てるとも、一念国家のためにとの念をもってすることが肝要であって、少しも私利私欲のことがあってはならないとのことにあった。中洲はこの言葉を「此の一言や、王学抜本塞源の心法」と肝に銘じて出仕した。明治一〇年には漢学塾二松学舎（二松学舎大学の前身）を創設している。その後、東京帝国大学教授や東宮侍講となり、大正天皇践祚後も侍講を務めた。

幕末期、松山の人で家塾というものを知る者はほとんどなく、一般に武芸第一とされたから、書物を携えて往来すると悪口暴行され、書物を内懐にして塾に来るという有様であった。方谷が教育に専念して多くの人材を育成したことは、方谷がのちに藩政改革を成功させることの一因となっている点で注目されるところである。

天保一〇年（一八三九）春、城下の火災で有終館が類焼した。藩士の数百戸が焼失したためその営築が急務とされ、有終館の再建は難しい状況下にあった。そこで学頭の方谷は有終館の釈菜及び諸雑費を合算して、その五カ年に要する全額の支出を請うて初めて有終館の仮の再建がなった。ここにおいて師弟は愁眉を開き、絃誦の声が再び興ったが、その増築がなったのは嘉永四年（一八五一）のことであった。まったく有終館の再建は方谷の尽力の賜物であり、教育に対する方谷の熱意がうかがわれる。

藩政改革前に方谷が著した著作に「理財論」と「擬対策」があり、ともに漢文である。「理財論」は、財貨の有効運用についてであり経済論のことである。「擬対策」は、政治などの答案文を対策といい、このような対策になぞらえた文章を指すから、これは政治論のことである。

「理財論」は上下二編からなる。上編では次のように論じている。今日、藩の財政方策は緊密になっているのに、藩財政の窮乏はますますひどくなっている。善く天下の事を制する者は、事の外に立って事の内に屈しないのに、今の理財にあたる者はことごとく財の内に屈して、藩政全体を見通す識見に欠けている。そこで今、明主と賢相が超然として財の外に立って、財の内に屈せず、道義を明らかにして人心を正し、風俗を厚くし、賄賂を禁じて官吏を清廉にし、撫育に努めて民物を豊かにし、文教を興し、武備を張れば綱紀は整い、政令は明らかになり、治国の大方針は確立し、理財の方途もまた従って通じる。このことは英明特達の人物でなければよくなし得ることはできない。

下編では義と利の区別の大切さを述べ、君子は義を明らかにして利を計らないものであることを論じている。義とは政道を整備して政令を明らかにすることであり、利とは飢餓と死亡を免れようとすることである。また一方、利は義の和とも言っており、綱紀政令が明らかになるならば、飢餓と死亡は免れないことはないというものであった。

「理財論」に「それ善く天下の事を制するものは、事の外に立ちて、事の内に屈せず」とあるが、「事の外に立ちて」は、大局的立場に立って全般の見通しをつけることであり、「事の内に屈せず」は、一事にかかずらって視野が狭く、一つのことばかりだけ眼に入ることがないことを意味する。

儒者塩谷宕陰は、米沢藩主上杉鷹山が、藩政改革をして天下第一の富める藩になったことを例にとり、事の外に立って事の内に屈しないということは、「尤も名言不朽と称するに足る」と述べ、三島中洲も「先生（筆注・方谷）、のち理財を以て海内に名あるもの、蓋しこの二編を実践するのみ」と述べている。事実、方谷自身、後年に藩政改革を担当して財貨をうまく運用するところの「理財論」を堂々と実行して改革を成功に導いたことは後述する通りであるが、このことは方谷の偉大な力量として評価できよう。

「理財論」とともに注目される「擬対策」は、方谷が江戸遊学から帰藩した当初に書かれたものと言われている。二〇〇〇余字に及ぶ「擬対策」は、主君の質問に応じて答えるという形式で書かれ、「理財論」と類似する点もあるが、その大要は次のようなものである。

現在衰乱の兆しがあるが、それは天下の士風が衰退しているからである。その由来を察すると、財用が窮乏して公侯士大夫が貧困に苦しんでいるからである。財用の窮乏の本源は賄賂の公行と、奢侈の隆長にある。この二点を除かなければ財用の窮を救うことはできない。財用の窮を救わなければ、士風は衰えて振るわない。士風が衰えて振るわないのは、衰乱の兆しである。これを改めるには、英明なる主君と執政の大臣とが心を合わせ、思いを同じくし、猛省して深く思いをめぐらして前々からの弊害を除かなければならないというにあった。

以上、方谷の「理財論」と「擬対策」について述べてきたが、この二編は方谷の財政と政治とについての、藩政改革前の注目すべき著述であったのである。なお「擬対策」が年譜では京都遊学中の作となっているが、山田琢氏によれば、これは江戸遊学から帰藩した当初のことであろうとのことである。

二　世子板倉勝静との出会い

学者・教育者として松山での日々を送っていた方谷にやがて人生の転機となることが起こった。それは世子となった板倉勝静との出会いによってであった。

勝静は、文政六年（一八二三）一月四日、陸奥白河城に松平定永（のち伊勢桑名に移封）の八男として生まれ、生母は定永の妾随真院であった。幼名を寧八郎・万之進といった。

祖父は幕府老中として寛政の改革を断行した白河藩主松平定信で、楽翁とも号した。名君とも称された定信の高潔な人格は、勝静の人間形成に決定的な影響を与えたのである。

このことは、勝静のブレーンともなった方谷が、

第一可レ驚事は、寒中爐辺へ少も御寄不レ被レ遊候。承候処、是迄御生来、夏日昼寝、冬日囲爐被レ遊候事無二御座一候由、何分桑名侯御家風之厳正、是而可二想知一。楽翁（筆注・松平定信）之遺烈、左も可レ有御事、奉二驚服一候義に御座候。

と述べ、松平定信の遺烈であるとの言葉によってそのことをうかがい知ることができる。

勝静は二〇歳の天保一三年（一八四二）六月、嗣子のなかった備中松山藩主板倉勝職の養嗣子となり、新十郎と改称した。勝静が養嗣子となったのは、備中松山藩は五万石の小藩ではあるが、幕府勲旧の家であるから自分の志を伸ばすことができるだろうとの政治的配慮からであったから、いかに勝静が政治家志望であったかがうかがわれる。

弘化元年（一八四四）六月勝静は勝職に代わって松山に帰り、世子として藩政をとった。『板倉宗家歴世年譜』によると、「此歳勝静ノ松山ニ在ルヤ、儒臣山田球（筆注・山田方谷）ヲシテ経史ヲ侍読セシメ、其論説ヲ聞キ、始テ其才ノ他日ニ用ユ可キヲ知ル」とあって、勝静と方谷との出会いがこの年にあり、勝静は他日方谷は用いるべき人材であることを知ったのである。

勝静は生まれつき聡明で書をよくし、長じて文武を好んだ。いかに勝静が文武に熱意を示したかは、方谷が、

　世子君（筆注・勝静）御事、追々文武御研精被ㇾ遊、驚服之事に御座候。文事は、奥田と此方隔日に罷出、御会読被ㇾ遊候。奥田は言行録、此方は綱目にて、綱目は唐一代程御在城中に御読之思召にて、最早過半御済に相成候。御議論も時々卓越之御事有ㇾ之、猶又詩文も彬彬御出来、文章も御題毎々差上、先日も太宗好猟論と中編御出来被ㇾ遊、面白事に御座候。御詩作別而御達者、五七長編毎々被ㇾ遊候。一々可二感吟一御事に御座候。文事は、当時御家中に先及候者も無ㇾ之と奉ㇾ存候。武事も日々何も被ㇾ遊、剣槍御寒稽古六十日御詰被ㇾ遊、毎

朝七時より被レ遊候。弓馬は、是迄抜群御上達被レ遊候居趣に候。

と、評したほどであった。学問を勝静に教授した奥田とは奥田楽山のことで、楽山は儒学者・詩人であって、奉行格・近習頭・吟味を経て藩校有終館教授となった。最も詩を愛し、その居を莫過詩亭と名づけた人物で、『言行録』（宋代の名臣の言行を集めた『名臣言行録』）を、方谷は、『綱目』（『資治通鑑』の記事を再編した編年体の史書）を隔日まかり出て会読している。勝静の文学は家中で及ぶ者なし、武術も毎日して、弓術と馬術は抜群の上達で、文武両道にわたるその精進ぶりに、方谷は驚服のことと舌を巻き驚いている。

また方谷は、勝静が唐の徳宗の政治の失敗を論じた「徳宗論」について、「徳宗論の後に書す」の一文を書いている。これを読んだ儒者塩谷宕陰は、「君（筆注・勝静）ありてかくのごとくんば、理財の行ひ難きを患ふるなかれ」と述べ、方谷の「理財論」を実行することが難しいことを心配することはないとしている。

弘化二年（一八四五）三月勝静に従い、領内の野山・竹之荘・有漢・西方村諸村を巡回し、翌三年には近習役を兼ねている。

嘉永二年（一八四九）四月勝職が病気で隠退し、世子の勝静が襲封して雁間入班となり、周防守と改称した。

三　熊沢蕃山・王陽明の思想的影響

方谷が藩政改革にあたって思想的影響を受けた人物として、熊沢蕃山と王陽明の二人をあげることができる。

熊沢蕃山は、名を伯継、字を了介といった。一般に蕃山が雅号のごとく用いられてはいるが、これは蕃山が知行地の備前和気郡蕃山村（旧寺口村）に隠退したことから、蕃山了介と称したことに由来する。寛永一一年（一六三四）一六歳で岡山藩主で名君といわれた池田光政の児小姓とはなったが、学問への熱意から職を辞して、日本陽明学派の祖といわれる中江藤樹に学んだ。藤樹は近江聖人ともいわれた人物であった。朱子学への疑念から晩年陽明学へ転じたが、陽明学本来の実践性を欠くものであった。

正保二年（一六四五）二七歳の時蕃山は再び光政に仕え、二年後には近習頭となり知行三〇〇石を給せられたが、これは光政が、蕃山の治国安民の学問に感動したことによる。

光政と蕃山の学問的な出会いがあってから後の慶安三年（一六五〇）三二歳の時、新参者としては異例の抜擢を受け、一躍三〇〇〇石の番頭に任ぜられ、組鉄砲を申し付けられ、光政を助けて治国の実をあげた。

承応三年（一六五四）未曾有の大洪水・凶作に見舞われた時、光政の股肱として復旧・飢人救済に奔走している。光政をして「今年の旱また洪水、われ一代の大難」と嘆かせた備前大洪水を機に「承応・明暦の改革」を断行したが、蕃山は光政の右腕として活躍している。しかし蕃山は、政治的業績をあげた実務家としてよりも光政に与えた思想的影響の方が大きかったと考えられる。それは蕃山の政治的業績としてあげられているものでも、実は晩年の光政からあつい信任を受け、光政・綱政の二代にわたって藩政の中枢に参画した津田永忠のものと混同されているものもあるから、あまり政治的業績を過大には評価しえないと考えられるからである。

明暦三年（一六五七）光政の絶大な信任をえていた蕃山が、三九歳の若さで隠居を願い出て職禄を養嗣子政倫に譲り、寺口村に隠退し、寺口村を蕃山村と改称した。数年ののち蕃山は京都に行き、その後吉野（現・奈良県）、山城鹿背山（現・京都府）、明石（現・兵庫県）、郡山（現・奈良県）、古河（現・茨城県）に移り住んだが、貞享四年（一六八七）幕府の命により古河に幽閉され、元禄四年（一六九一）同地で死去した。

蕃山が古河に幽閉される原因となった著作が『大学或問』である。時・処・位の立場から、財政、農政、農兵、教育など二二カ条にわたって具体的な政策を論じた内容が、強い幕政批判となっていたことが幕府の忌諱にふれたがためであった。

儒者としての蕃山は、現実の政治や経済の問題と正面から取り組み、幕藩体制社会の矛盾に対する、最初の組織的な批判をしただけでなく、「人情事変」の機微を洞察するすぐれた現実的感覚を備えていた点、および儒学の形式的規範にとらわれることなく、「時・処・位」の三条件に即応しながら社会矛盾の解を求めるといった柔軟な思考力を発揮した点などにおいて、特筆すべき人物であったと評価されている。

方谷はその学問的系譜よりして深く蕃山に傾倒したが、小蕃山と称せられるところからも知られるように、方谷が蕃山より多大の影響を受けたであろうことは言うまでもない。方谷がいかに蕃山に傾倒するところがあったかは、次のようなことにもうかがうことができる。

明治五年（一八七二）旧岡山藩士岡本巍・中川横太郎らが、方谷を迎えて岡山に学校を興そうとした時、これを断り、明治三年に閉校の閑谷学校を再興するなら行ってもよいと述べている。これは方谷が古賢の流風を追慕し、名校の廃絶を悼んだがためであった。明治六年（一八七三）池田光政の創設にかかわる閑谷学校は再興され、閑谷精舎と称した。

方谷は督学として閑谷へ出発するにあたって、

将に閑谷に遊ばんとし此れを賦す
孤杖窮めんと欲す閑谷の源
豈唯静を愛し世喧を避くるのみならんや

湖西の遺教　蕃山の学
　石室の蔵書なお或いは存せん

の詩を残している。「湖西の遺教」は言うまでもなく、蕃山の師であった中江藤樹の遺教のことで、湖西とは藤樹が琵琶湖の西岸に塾を開いたことにちなむ。藤樹と蕃山の学を伝える著述が学校の石室に保存されているに違いないというところに、方谷の蕃山に対する敬仰の情をみることができる。

方谷は、春秋両度、閑谷精舎に赴き督学することになったが、

拙者方は月給などと申事は勿論、実は此方より持出しを致候而、助勢中興之計を成し申度位之事に御座候。乍レ去路費其外入費之処は、先方にていか様共致しくれ可レ申、謝礼等は望む処に無レ之候。

と、方谷は謝礼等は望まないというまったく奉仕的態度であったのである。

閑谷精舎を隔てる二里のところに蕃山村があった。この地は蕃山が隠退した地であったから蕃山の宅址があった。方谷が蕃山の宅址を見て、低回して去ることができないことを知った中川横太郎・谷川達海・岡本巍らは、方谷のために一草廬を設

けて遊息の所とした。方谷はこれを大変喜び、業暇に一老僕を従えて行き、たびたび留宿して帰った。この有様を見た人々は、また尊敬の念を加え、往来に候迎することちょうど蕃山に仕えるごとくであったという。

明治七年（一八七四）一一月、草廬に鎌田玄渓と遊んだ時に、玄渓の韻に和して、

　蕃山山下に熊沢翁の宅趾あり。諸生為めに小廬を築き

　余の遊臥に供す。留宿連宵。感ありて作る

晩年の操節　霜よりも潔し

残礎荒涼たり古寺の傍

身は天涯に竄せられ窮して益ゝ固し

名は海内に伝わり久しくして愈ゝ芳し

聊か新築を将って遺趾を存す

是旧魂の故郷に還る莫からんや

留宿連宵　限り無きの恨

林を隔つるの鐘磬　人の腸を断つ

との詩を残している。蕃山の晩年の節操は霜のように潔いものであった。名は天下に伝わり、時とともにいよいよ芳しいものとなった蕃山の旧宅の跡に一草庵を新築して、遺跡を保存することができたので、蕃山の魂魄はふるさと蕃山村にかえられたであろう。幾晩もこの草庵に宿りつづけているが無限の悲しみを覚える。隣の古寺から聞こえてくる鐘声の音に腸をちぎられる思いであるとのことにも、方谷の蕃山に対する敬仰の情をみることができる。

また方谷は、門人谷川原泉（達海）に語って「孔孟の学、（中略）、陽明王子（筆注・王陽明）能く其体大用を得る者なり。王子より而後、独り吾が蕃山熊沢子を見る」と述べていることにも方谷が蕃山をいかに高く評価しているかを知ることができる。

『集義外書』とともに蕃山の代表作といわれる『集義和書』について、方谷は「此の書を以て熊沢子の活学を観るに足る」とし、後学をして蕃山の学を知悉するに便で、かつ斯道の修養に裨益あるようにするため、『集義和書』について心術類、学業類、行誼類、治道類、道体類の五部門に類別してそれぞれの要処を摘抜し、断截抄出をもって方谷自身の評語を下している。「山田方谷曰《いわく》」として下された評語は簡潔ではあるが、蕃山に対する批評であって、方谷の思想学問をよくうかがうことができる。これはのち岡本巍によって校訂・編集され、『集義和書類抄』上下二巻として刊行された。

熊沢蕃山の学校観が治国平天下的政治の見地に立ってなされていることは、「学校は人道教える所也。治国平天下は、心を正しくするを本とす。是政の第一也」の言によく示されている。蕃山は岡山藩校の基礎を作っただけでなく、『熊沢蕃山の研究』の著者宮崎道生氏によれば、「手習所も、そして後にそれら手習所を一つに集約した、いわば総合体的存在閑谷学校の企画も、その根元は蕃山の発想にかかわるものだったとしてよいかと思う」ということであるから、閑谷学校は蕃山と深いかかわりあいがあったのである。陽明学の先学として方谷の蕃山に対する敬仰の念が強かったから、方谷の閑谷行となり、閑谷学校が閑谷精舎として再興され、方谷が閑谷精舎で教育にあたることとなったのである。

なお、方谷は、明治六年（一八七三）から閑谷へ春秋二度赴き子弟教育を行っているが、一二月美作の大戸に設けられた知本館に閑谷よりの帰途に赴いて『大学』を講義しており、以後閑谷往復の度毎に立ち寄って講義をしている。

王陽明は、中国明代の儒学者・政治家で、名は守仁、諡は文成公、号は陽明で、陽明学の祖である。江西・福建の農民暴動を鎮圧したり、寧王の乱を鎮定するなどの軍功をあげ、その政治的・軍事的手腕は高く評価されている。陽明のこうした事蹟が、方谷の軍制改革に影響を与えている点が注目されるところである。

陽明は、朱子学の学説に対して「致良知」、「知行合一」などの説を主張し、その一門を陽明学派という。陽明学は江戸時代中江藤樹により日本に定着し、その門弟熊沢蕃山らによって「心学」として世に知られた。門人の長岡藩士河井継之助は、方谷の門下を辞して帰国するに際して、方谷が多年愛読した『王陽明全集』(『王文成公全書』)を四両で譲り受けている。この時方谷は、「王文成公全集の後に書して河井生に贈る」という一七〇〇余字に及ぶ一文を与えて、王陽明の学問を学び、『王陽明全集』を読むことについての注意を縷々教戒している。それは継之助が、王陽明の事功を学んで、王陽明の真の精神を忘れて、利を求めてかえって害を招かれんことを危惧したからであった。こうした方谷の行為から、王陽明の学問に対する方谷の思いがいかなるものであったかを十分にうかがうことができるであろう。

第三章　藩政改革の断行

板倉勝静像（平木政次筆、高梁市所蔵）

一　山田方谷の抜擢

備中松山藩において藩政改革を必然的に行わざるをえなくなった理由は、幕府・諸藩の例に洩れず、現象的には極端な藩財政の逼迫と家臣団の窮乏であった。藩主勝職は奢侈淫奔で、藩政は弛廃し財源も涸渇して、藩士家禄の借上米、領民の高掛米、富民の借上金、ことに大坂の富商からの借財をもって目前を弥縫するにすぎず、借財に借財を重ねるという状態であったから、参勤交代のために東海道を往復するごとに、「貧乏板倉」の悪名が輿台の口に上るという有様であった。このように備中松山藩が財政難を呈したのには、備中松山藩領が水谷氏領没収後、第一章で述べたように、かの過酷な元禄検地が実施された領地であったことにも、その一因があったことはいうまでもない。

方谷が抜擢されて藩政改革が断行されるにいたった一因は、世子時代に勝静が方谷を召して『周易』などを侍読せしめてその論説を聞き、方谷の才能を用いるべき

を知ったことにある。会津藩士秋月胤永の「松山藩視察録」によると、勝静の藩政改革の仕方についての諮問に対して、方谷は、

> 大坂の金主に談じ、改革中借金元利共に断り、御手元より著実に格外の倹約を行はれ、用度を節し玉はゞ、段々下にも及ぶに至るべし。これ尋常の論にて人々の知る所なれども、君臣一致して厭ふことなくこれを行ふこと七八年に至らば、改革の仕法必ず立つことあらん。又経済は人材を育養し、物産を取り立つるに在り。

と答申して抜擢されるにいたっている。

嘉永二年（一八四九）一一月方谷は江戸へ呼び出され、一二月九日元締役兼吟味役を命じられた。元締役は藩の財政の最高責任者であり、吟味役は元締役の補佐役のことである。

方谷はこの任命に対して弟平人に書を寄せ、

> 昨日御用触到来、今九日罷出候処、役料高十石被レ下、元締役吟味役兼帯、御次出入、右之通被二仰付一候。誠以意外之儀、千万難レ有仕合ニハ御座候得共、何

分御時節柄、大心配之役、実ニ勤兼候事故、何分御断申上度ト存居候。

と述べ、勤めかねるを理由に固辞したけれども、許されずついに引き受けるにいたった。

藩士塩田仁兵衛にも書を寄せて、御用御触が来てまかり出たところ元締役兼吟味役を仰せつけられたことは、誠にもって有難き仕合せではあるが案外のことである。この時節がらなかなかもって私どもの考えになることはこれなく、とても勤めかねるので、何分急いでお断り申し上げるつもりである。国元を出立した時は、いかなる御用ともはかり難いと内々は心配していて、右様のこととは夢にも思わず、さてさて案外であると、述べている。

方谷は世臣でもなく、学職の身であったにもかかわらず、人材登用で方谷が元締役兼吟味役となったことは、藩士にとって大きな衝動であったことは、江戸の藩士の間にくちずさまれたという次の狂歌によってうかがわれる。

山だ（田）しが何のお役に立つものか、へ（子）の曰《のたま》はくの様な元締

御勝手に孔子孟子を引入れて、尚此上に空《から》（唐《から》）にするのか

方谷の抜擢に対して、不平を抱く世臣門閥などは、方谷を刺殺する手段までめぐらしたと言われるほどの反発があったが、勝静の方谷に対する信任は厚く、藩士が嫉忌讒訴したところ勝静は大いに怒り、「山田がこといっさい傍言を許さず」との厳命があったとのことであるから、勝静の方谷に対する信任がいかに大きかったか、またその抜擢が堅い信念のうえに立っていたかがうかがわれる。またこれだからこそ、方谷が藩政改革の成功するにいたる一因であったと言っても過言ではないであろう。

二　元締役就任時の藩財政状況

方谷が、元締役兼吟味役奉職当初（嘉永三年・一八五〇）に提出した上申書によると、藩財政収支の大計は、次の通りであった。

一、御収納米壱万九千三百石三年豊凶推ならし
内

五千石余　　松山御家中渡米辻
千石余　　御領分郷中其外渡米辻
〆
残米壱万三千石余
代銀札千五百貫匁余　　松山銀札百弐拾匁当
此金凡壱万九千両余　　松山銀札にて金壱両八拾匁当
内
三千両　　松山御暮諸入用（但、御在府年の積）
千両余　　大坂京都諸入用
壱万四千両余　　江戸御下金辻
但、此内江戸御借財利金払出御座候得共、夫程は年々不足に付、江戸
御借財高相増申候。
〆金壱万九千両
右の分程に御座候得ば、御収納と御暮入用一盃に相成出入無㆓御座㆒候処、其

外に、

二千両余　　大坂御借金利足
二千両余　　松山御借金利足
二千両余　　江戸御借金利足

此分取調候処、三千両余に及候。

〆八、九千両

右の分年々全く御切込に相成居申候。

藩士渡米などの残高一万一〇〇〇石余の金額と松山藩御暮諸入用などの金額が同額で過不足はないが、毎年借財の利足八、九〇〇〇両が全て赤字という藩財政が実情なのである。

また、別の「藩財政収支大計」によると、改革前借財金一〇万両、その利金一万両であり、嘉永四年の「存寄申上候覚」によると、古借はさておき新借だけでも八、九万両、その利金九〇〇〇両よりほとんど一万両にも及んでおり、いかに近年にな って借財がかさんだかが知られる。そして藩の収入が、雑税を加えて約5万両であったから、一〇万両の借財は、二年分の収納を前借したのに相当した。したがって、まして臨時の支出はとうてい望むべくもなかったのである。

かくて藩政改革の断行は、緊要の問題となり、改革は嘉永三年より七カ年の間、

江戸・松山元〆役へ被レ為レ任、町郷中之儀は、奉行役にて懸り被二仰付一候。猶御取締筋之儀、追々被二仰出一も可レ有レ之、右之年限には、御取直し目度相立可レ申、上下相楽、此上艱難精勤可レ被レ致候。

との趣意の下に断行されることになった。

三　上下節倹

前述のように備中松山藩は収納高が少なく、借財がなくても藩財政が苦しい状態であったので、「量レ入為レ出」の会計、つまり収入を考えて、それに応じた支出を行う会計のことで、勝静の大坂借財整理についての諭達にも、「以後は量レ入為レ出

之会計厳に相定」とあるように、この会計の確立が緊要とされた。そのためには「入用筋省略」、すなわち、「上下共々常々質素節倹」が必要であった。これは藩財政再建の基本理念で、言うまでもなく、財政面における本年貢基調の緊縮財政であった。大坂借財整理について、勝静は元締役・大坂吟味役に対して「臨機の処置可レ為二肝要一、此旨内々可二相心得一」と達するとともに、改革にあたっては、役人はひっきょう国家のためと思って精勤するよう。諸役人のうちもし内心疑惑を挟み、表面は同意の姿では自然取り扱いが真実でなくなり、そのような心入れでは役儀は勤めかねると思うから退役してもらうか、時宜によってはきっと沙汰に及ぶと述べて、なみなみならぬ決意のほどを示した。

勤倹にして奢侈を非常に嫌った勝静は、改革にあたって率先して節倹の範を示し、「棉衣蔬食」した。土浦藩重臣大久保要の『松山侯改革聞書』に、「殿様（筆注・勝静）御大酒に被レ為レ有候得ども、一升を三つ割にして、其一分を夜分御用被レ成、御台所を労し候事無レ之様、塩辛もの斗にて肴一切御用無レ之事」、「御料理、元一日之御費凡弐百目余に有レ之候処、以後六弐之御賄に被二仰付一、厳敷御倹約被二仰出一候事」とあって、その一端をうかがうことができる。

備中松山藩では、「第一公務初、家中之扶助行届、何茂武備無㆓不足㆒、上下共不虞之備厳重相立候様」にし、「藩翰之任」に当たるために、平日の衣服・飲食・居宅などの無用の雑費を省いて、節倹を守るということが要請されたが、藩政改革の断行が、譜代としての藩屏意識にも支えられていたことは注目されるところである。

一、拝領之御紋服類者、上下肩衣を初、何にても着用不㆑苦候。
但御紋服拝領之者、其嫡子嫡孫迄着用不㆑苦候事。御紋服写遣ひ之儀無用之事。

一、着服、以来男女小供に至迄、夏冬共木綿麻之外不㆓相成㆒候。上下麻横麻限肩衣夏冬共木綿或綟子上下之肩可㆑被㆓相用㆒候。袴者、夏冬共小倉葛麻に限、蹈亡同断之事。
但し、男女襟袖に、肩衣之裏、羽織之肩貫丈は、絹不㆑苦候。婦人帯は紬不㆑苦、婦人帯は紬不㆑苦、其余は仮令省領小切に而も、絹類一切無用之事。

一、飯食之儀、以来吉凶一汁一菜香之物にて、酒出候事不㆑苦、酒斗出候節は、一

吸一肴に限候。音信贈答は聊たりとも堅く無用。新役振舞等儀無用候。
一、諸役人其外御中衆、飯食衣服□（不明）所付合之節たりとも、自他の差別無レ之事。
一、惣て衣服類目立候染色小紋又は流行之品、男女共堅く無用之事。
一、六拾歳以上医師は制外之事。
一、櫛笄竹木に限、かんざし銀壱本に限、尤差込房付無用、履物縁取類無用。
一、以来者貴賤高下差別。
一、常上下之分、平日肩衣着用。
一、其以下、中小姓迄は、割羽織着用。
一、歩小姓士格者、丸羽織着用之事。
一、組外以下之者は、羽織不二相成一候。

と、衣服・飲食について布達を出して、その奢侈を厳禁したが、また、年月を期して藩士の封禄を減じたりなどもしている。

領民に対しても絹紬を着用したり、金玉の笄櫛を用いることを禁じ、かんざし真鍮一本に限って、緊縮財政の確立を図った。

四　借財整理

新旧借財を合して一〇万両にのぼる借財整理をいかに処理するかは、藩財政の再建にとって緊要の問題であったが、特に大坂の借財が最も急務であった。当時大坂表の借財は、勝静の諭達に見られる如く、

年来勝手不如意に付、追々相嵩み、昨今年に至、如何共難レ致趣相聞、心痛の至に候。右様多分の銀子従来返済の目度は雖レ無レ之、当座凌方難レ成に付、役人共より種々名目申立借り入、終には虚談に帰候様相聞候得共、元来役人共の不実には無レ之、是迄内外取締方不行届、臨時入用の備不二相立一候故、無二余儀一如レ此成来候事と、不レ堪二後悔一候。銀主共に於ては、役人共より申聞候処真実と存込、返済手当確と有レ之事と存、出銀致呉候儀に可レ有レ之候へば、毛頭信約相背候ては難レ忍事に候。乍レ去是迄の振合を以、年々借入候へば、一年過候時は、一年丈銀高相増候已にて、終に大信義を失ふに可レ至外無レ之、尚以不二

相済㆒儀と心痛此事に候。

という状態であったので、虚談ではなく、債主に藩の実状を説明し、「利銀不㆓相嵩㆒、元銀追々返済に相成候仕法相立、以後は量㆑入為㆑出之会計厳に相定」ことによって、借財整理を断行しようと図った。

よって嘉永三年（一八五〇）一〇月方谷は大坂に出張して、加島屋らの債主と会し藩財政の実情を説明し、ついで財政改革の巨細を語り、その方策として返済の延期を要請した。今後また借財は要請しないから、従来の負債は新旧に応じて、一〇年期ないし五〇年期をもって返債したい旨を提案して、債主の承諾を得ることに成功したが、これに先立ってこの延期策が債主の心証を害することを懸念した同僚に対して、方谷は「大信ヲ守ラント欲セバ、小信ヲ守ル遑ナシ」と言って談合を成功させている。この意味するところは、藩の実状を話すことで、従来の信義を一時は裏切ることにはなる（小信）が、これにより藩政改革が成功すれば、債主への返済ができる（大信）というのである。

このことに関連して三島中洲は、「先生（筆注・方谷）此ノ小信大信ノ処置、全ク王学（筆注・陽明学）活用ノ処、腐儒區區小信ニ執滞スルモノノ能クスル所ニ非ズ」と述べている。藩士三浦仏巌も、大坂の債主に帳簿を示したことは、誠を人の腹中に推すもので、よって債主が喜んで方谷の要求に応じたと述べている。誠を人の腹中に推すの言葉の意味するところは、自分のまごころを人に推し及ぼすことで、全幅の信頼を人に寄せ、また人からも信頼されることなのである。

方谷の大信は、後年江戸藩邸が震災にあった時、大坂の債主たちがすすんで復興費を出していることで実証される。以上のことは、ひとえに債主が、方谷は常器ではなく、必ずなすところある人物であると見込んだところに、その難問題解決の糸口があったのであり、ここに方谷の人格的力量をうかがうことができるのである。

大坂の蔵屋敷も経費節減のため廃止し、年末に元締役または吟味役が出張して、一年間の会計を処理することにした。蔵屋敷には留守居役などの蔵役人がおり、債主の富商の接待など、あるいは、これに託して奢侈遊蕩をきわめその経費は少なくなく、また、従来藩の収納米を抵当として金を富商より借り、秋になると収納米をそのために大坂に送るような状態であったから、蔵屋敷の廃止によってその経費が節約できたばかりでなく、以来領内の収納米は、利債支払いの抵当としてこれを債主に送ることを免れ、機に応じて有利に売却することができたので、その利益は多大であった。

かくて方谷の当初の計画によれば、七カ年で借財は、「凡四万両の払込と相成、御借財半方の減と相成可レ申」であったが、続けて方谷は、「其節に至候得ば、又別之手段を以、御無借同様に仕度愚案仕居候」、つまり別の手段で無借同様にする愚案があると勝静に上申するとともに、

御勝手御取直と申儀は、金銭取扱斗にて決て成就仕ものに無レ之、御国政の本相立、町在中取治め方迄相整候上ならでは、御立直に至申間敷候。御政事と御勝手は、車の両輪にて、持合の者に御座候間、別紙之通積り申上候ても、御政事と喰違候ては迚も成就は不レ仕候。

と述べ、政治と財政は車の両輪、つまり車の左右の輪のように、二つのどちらも欠くことのできない密接な関係にあることを認識して財政改革に取り組むべきであると指摘している点は注目されるところである。

安政元年（一八五四）方谷は、「安政元年一〇年間財政積り上申書」で、

御勝手向近年出入凡積り左の通。
一、去る寅年（安政元年）被二仰出一の通、
御改革以来御借財追々訳立、御入用追々取縮めに相成候間、寅年頃の壱ケ年
出入差引凡千両の過に相成居候事。尤米直段壱両壱歩平均と相立候ての事。

と述べて、藩政改革以来だんだん筋道をわきまえて処理し、入用もだんだん取縮めたので約一〇〇〇両の過金（黒字）となるというのであるが、これはもちろん米価を一石一両一歩としての計算であるから、米価がこれより高騰すれば、黒字は増加することになるわけである。しかし大きな臨時入用が生ずれば、そうでなくなり、方谷にとってはそのことは一番の「心痛」であったのである。当時、方谷にとって悩みの種となったのは、「海防、震災、風破、御役成等の諸大費用続き起」ったことであった。

五　殖産興業

藩財政再建の積極策として撫育方（撫育銀方）が設置されたが、その主意は、

御収納外国益一切司り候儀にて、免状外之物は、一粒一銭一草一木にても皆此役へ納らずと申事は無レ之、其上御勝手へ運び入、御暮方之備に致候事、奉行方免状内之物を取立運び入れ申され候と変事無レ之候。

であって、収納米以外のすべての収益を管掌して富殖を図るにあった。

国益の根本は、一時の盛衰損益にかかわらず、一〇年二〇年後を見込まなくてはならないのに、

御改革以来山林新開地等之御手入追々多分に成、並に産物製作、江戸長崎其外処々へ運送も不レ少、其数数十口に及候事故、従来の役々取斗と成、統一之役無レ之、奉行方勝手役にて中々手及候事に無レ之候に付、それ〳〵始を開き、後にて其役人有レ之候内は精誠有レ之候へ共、追々入替候時は、元之主意不案内に

て、堅く守候事も難二相成一、

で、「只眼前之利をのみ逐ひ候業に相成」るから、「永年之基を立」てる必要があるとの理由で、ここに撫育方の設置が急務とされたのである。

撫育方は収納米以外の国益をすべて管掌し、御勝手へ年々残らず納めても当然ではあるけれども、従来、「無レ之時も御凌付候事故」、今日入用が多いとはいえ、

其内に金高を立、実に納り不レ申而は御勝手凌がたき分丈被二相納一、其余は積立置、又右を以次第に開発生育産物運送等之本を立候得ば、益収納向盛に相成、万一此上に御軍用又は引続格別之臨時之節、御凌と可二相成一為に、金高之際限を立、

てることとし、右事情から御勝手に有余金がある時は、撫育方へ回し、「たとへ無レ之候共、肝要之節は、外方にて借入之世話を致候も当然之事」とした。

かくて、撫育方より殖産興業が推進された。撫育方を通じて新製の永銭札を資金として領民に貸し付け、産業を奨励し、生産物は撫育方に納付させた。

なお撫育方というのは、

御収納外を取候事故、自然と下方之物を取上げさへ致せば宜敷様相成候事も可レ有レ之候間、撫育を主とし、人民の益を付、其内より上之益も自然と生じ、又其益を取上候へば御勝手も凌被レ成、上米御用金等も掛不レ申候へば、取上候ものも矢張撫育に相成候故に候。実は奉行方には其名こそ無けれ、是が撫育之第一にて、撫育方はそれに続き候役と存候。

と、下方撫育を主としたからであった。方谷は、

近来にても相考候処、眼前撫育に相成候は山林開発等、上より手入に相成候間、下方にても各相はげみ、御領分にては如何程之作りまし、生育いたし候も難レ斗、尚又運漕御世話に付而は御城下荷物多分に成り、金之落候事多数之事、尚又産物に付而は他方より金取入、銀札融通は全く是より宜敷相成、上下益夥敷く、尚又職業製作に付而は、御城下へ過半は金落申條、小前迄益と成申候。尚又上之益も近来は年々何千と申候に付而は、御役用は略相凌、御家中上米も不レ掛、下方御用金も不二相掛一、右は何れも撫育之験に有レ之候間、右名を付候事と存候事。

と述べ、「藩国の御天職は、乍レ恐御家中諸士并百姓町人共を御撫育被レ遊候に有レ之御事と奉候《（ママ）》」の立場から、眼前の撫育は山林開発等であるとした。そして、老臣諭達に「御改革被二仰出一。就ては不二一通一御覚悟にて是非国家御再興士民御撫育之思召候間」とあるように、士民撫育の立場からの改革が断行されたのである。

　備北の三室・吉田の両鉄山および鋳長山を開掘して盛んに砂鉄を採取して木炭で熔融して製鉄した。城下の対岸近似村に数十戸の鍛戸を設けて鉄器および農具・稲扱・釘などを製造した。このため冶工を出雲・伯耆および諸国から集めるという積極的政策を展開し、これに応じて多くの者がやって来た。会津藩士秋月胤永の「松山藩視察録」には、「当領山中高梁川の川上鉄を出す。当時釘を作り江戸へ漕買《（ママ）》して利益多し、一ケ年三千両位に至る。この地産物の顕はれたるはこの一品なりと聞ゆ」と、釘の利益が一カ年三〇〇〇両とある。また北方・吉岡の両銅山を買収して、盛んに製銅を廻漕し巨利を得た。

　山野には、杉・竹・漆・茶の類を新植し、煙草を増殖し、盛んに柚餅子・檀紙・陶器などの生産を行った。柚餅子の材料の柚子を家中屋敷に植えさせたり、陶器は、城下伊賀丁に窯を築き、茶器および日用器を焼いた。これがいわゆる杉浦焼で、嘉永三年（一八五〇）より五年余にしてその製造をやめている。

煙草の栽培と製造が昔から盛んに行われ、備中地方の備中葉は、収量の多いことによって名声を博し、品質が優良な美作地方の作州葉とともに県下の二大産地を成していた。方谷が藩政改革前の有終館学頭時代に作詩した次の詩によって、松山城下での煙草製造が盛んであったことがうかがえる。

莨を切る刀は鳴る札々の声
城中の千戸　半ばは生を為す
児童　十歳能く帚を揮う
掃き落とす埃塵　葉々と軽し

莨（煙草）の葉を切る刀の音がざっくざっくと聞こえ、城下一〇〇〇軒の半数は内職としてなんらかの生産に携わっているような状況であったのである。

家中屋敷でも、家計の助けに刻み煙草をつくる者があり、城下屈指の商家の中には六軒の煙草問屋があった。

檀紙には大高・中高・小高の三種類があり、大高は紙質が最も厚く、朝廷・幕府の公文書に、中高は紙質はやや薄く、主として備中松山城主が、小高は大高の半分の大きさで紙質はさらに薄く、宮中で色紙や短冊などに用いられた。釜敷紙としても使われ、幕府へ献上の大高檀紙と共に、幕末まで全国で評判が高かった。

およそ領内の産物は城下に集荷され、それぞれの問屋を通じて、高瀬舟で松山川（現・高梁川）を下し、河川水運と海船による内陸水運の接点として栄えた玉島港より江戸に回送して売却した。そのために江戸産物方を設置し、木挽町屋敷の河岸に役所と倉庫を設けて藩地より回送の貨物を処理した。そして、その売却代金をもって江戸藩邸の公費に充て、余剰金は大坂の借財返却と永銭兌換の準備に充てた。

江戸に産物を回送した根本の主意は、下方撫育のためで、「民の産を制し、国中遊民無レ之様に致度」く、かつまた城下は山中にあるから、売買交易の外、「諸職人多分無レ之ては繁栄不レ致に付、産物製造仕出し」、他所より金銀を取り入れることが第一との考えからであった。

撫育方の藩政史上に果たした役割はまことに大きく、廃藩まで備中松山藩の活動資金は、ほとんどこの撫育方に仰いでいたことは言うまでもない。三島中洲はこのことに言及して、明治期の当初、朝敵となって、岡山藩の占領下にあった備中松山藩は高収納を岡山藩に押さえられていたゆえ、この期間中の莫大なる内々の入費はみな撫育方より支出し、残りは、後に第八十六国立銀行の設立にあたって銀行株金とした。五万石の備中松山藩が二万石で再興された時、他の二万石の藩より豊かで、勝全公の分家もできたのは、この撫育方のお陰であり、また勝静公と方谷先生のお陰である、と述べている。

六　藩札整理

備中松山藩で最初に藩札が発行されたのは、元禄一一年（一六九八）のことで、藩主は安藤氏であった。板倉氏時代になってからは、板倉勝澄が伊勢亀山より入封の延享元年（一七四四）のことであった。この年はじめて札座を設けて藩札一匁を発行し、ついで寛政九年（一七九七）はじめて五匁札を発行し、準備金は札座に用意していた。

その後、藩財政の逼迫化から準備金を御勝手へ借り込んで手薄になったところ、天保年間（一八三〇～一八四三年）札座役岡本清右衛門が、五匁新札を「莫大多数摺立」てて発行し、多量の積金もできた。しかし何分にも多量に発行したために、ほどなく銀札は不評となり、これがため諸方より人々が両替に詰めかけ、両替は大差し支えとなった。

銀札両替の処理がいかに重大であったかは、

是は時々山師共の企にて財政の足元を見、非望の益を得んとするものにて、所置悪しければ札潰におよぶ不㆓容易㆒不面目なるのみならず、君公の御首尾にも拘り候事故、財政に膺る人の尤恐るゝ処也。銀札の遣ひ出しは、正金の準備確実なる基礎なかるべからず。然るに準備金の幾倍か為㆓融通㆒銀札を遣ひ出居る事なれば、一時に引替に来りたる時は、如何とも難㆑致事にて、

との状態、つまり札潰れという最悪の事態を招くことを意味するものであったから

である。

そのうえ贋札が流行して藩札の信用は下落した。そこで贋札も多く、最も信用のなかった五匁札の裏に押懸ケ印（改印）をして、贋と区別して信用の回復を図ったが、藩札の流通正常化は必ずしも成功しなかったことは、

　奥筋并近場の処者気受宜敷、取引方聊差支無レ之候得共、里筋は不二相替一取引不レ致旨にて、追々金子両替に相懸り、着到順に引替遣候得共、元来此度の不評は札座元を見透し、両替の訳に無レ之候得ば、際限なく儀にて末々相鎮り候程無二覚束一事に候。


とあって、奥筋と近場は世間の評判は良くて少しも取引に差し支えはないけれども、里筋はあいかわらず評判が悪く取引をしないという状況下にあったのである。本来藩札は、財政困難な諸藩が発行した領内限り通用の不換紙幣であったから、このような事態が起こっても当然のことではあったのである。

そこで借財整理とともに藩札整理を重視した方谷は、天保年中五匁新札で積み立てた準備金で嘉永三年（一八五〇）より同五年（一八五二）にかけて不信の五匁札

を買収し、五匁新札で使い出しをしなかった分などを合わせて、これを松山川（現・高梁川）の近似河原で焼却することにした。

焼却は、嘉永五年九月奉行役野中丈左衛門、元締役山田安五郎（方谷）、吟味役山瀬助一郎、御目付上原平馬、歩目付加り西川貞熊など関係役人に加えて、札座役店方よりも詰所不都合のことないように申し合わせ代わり合い合い出張し、中村市次郎はじめ御用達共へ、焼却銀札を引き渡し、それぞれ改めたうえで焼却されたが、その員数は次の通りであった。

総額にして七一一貫三〇〇目の藩札が焼却されたが、その内訳は次の通りであった。

一、五匁札　　四百八拾壱貫百拾文
　内
札弐拾六貫六百九拾目　　新口四拾貫余株
札七拾四貫弐百四拾五匁　　新口金替り九拾貫余株
一、五匁札　　　弐百弐拾五貫百九拾目

但、此分三四ケ年以前、御勝手にて別費用のため新札目論見有レ之、新に摺置候分

一、小札匁共　　五貫目

痛札の分、内痛札弐貫目は、最早勘定相済居候へば、外物と可レ見事

惣〆辻七百拾壱貫参百目

これとともに御勝手および札座方で封札分総額三三〇貫が切り捨ての処分に付されたこともあって、嘉永五年にはそのほとんどが整理されたことになった。

近似川原において衆人環視のもとで「火中一件」を断行したことは、方谷の財政改革に対する断固たる決意の表れであったが、一方領民にとっては驚嘆のできごとであった。領民は誰も彼もが、近似川原に弁当持ちで行ったとの語り草が伝えられている「火中一件」であったことにも領民の興味関心の高さがうかがえる。

かくて方谷は確固たる準備金の下に、永銭という新藩札を発行して、両替を励行した。永銭には、一〇〇文札・一〇文札・五文札があって、それぞれ一〇枚・一〇〇枚・二〇〇枚をもって金一両に引き替えるとの明文が裏にあった。この新藩札に

よって、「融通段々宜敷相成、先年五札切捨の節に競へ申候へば、札の勢ひ大に違候」と藩札の信用は回復した。この信用回復は藩領内に留まらず、「御勝手にて引替誠精有」之故、尚又産物仕込盛に相成候故」他藩にまで流通するようになった。

このことについて、長岡藩士で方谷に従学するために松山にやって来た河井継之助は、その日記『塵壺』の中で次のように述べている。

休みし処で、札の咄出づ。松山札は随一なる由。或る時、五匁の札、不通用の聞えある処、不通用の物は非道と何日迄と日を限りて触出し、持参引替え目前にて火中せるより、皆、感心して信ずる由。

領民の目前で藩札を焼却したことが、いかに効果的であったかは、「皆心して信ずる由」によってよくうかがうことができる。

後年方谷が、「余ハ我藩財用ニツキ、過半ノ力ヲ藩札ノ運用ニ用ヒタリ」と述懐しているように、財政難の克服にあたって藩札の運用を重視していたのみならず、紙幣の利害もよく熟知していた。では方谷は、かかる知識をどこから得たのであろうか。

方谷が紙幣を詠んだいくつかの詩がある。その中の一つに、次のようなものがある。

楮銭は翼無けれども亦能く飛ぶ
飛走　軽便は人の帰する所なり
季世　時を済うは唯此の物のみ
唐家の貨政　未だ全くは非ならず

この詩は、唐の衰微を救済するためには、楮幣（紙幣）を巧みに駆使する以外に道はないという意である。他にも蒙古人の建国した元朝が、紙幣を巧みにあやつったこと、また北宋の改革者で新法を断行した王安石が、紙幣政策に着手しなかったことを批判した詩などがある。

方谷は、「楮幣の儀は、儒学者の正論にては必擯斥仕候事に御座候へ共、私共考には毒薬を以急病を救候法に可㆑有㆓御座㆒」と述べ、天下は困窮急病人であるから、一度毒薬を使用し危篤状態になることを防ぐ必要はあるのではあるが、紙幣は毒薬でもあるので、その用い方は甚だ大切であるとの注目すべき発言もしている。方谷は、中国財政史の研究を通じて、紙幣の利害得失を熟知していたのである。

藩札焼却は勇断を要した藩札政策ではあったが、土浦藩重臣大久保要の「松山侯改革聞書」に、藩札焼却により「深害を除□（不明）、永銭手形を創め、融通便利に相成候に付、近領不レ残欽羨倣造致候」とあって方谷の永銭発行の成功をみて、近領でもこれにならったとある。

藩札政策は、難問題ではあったが、方谷がこれをよく処置しえたのは、方谷が自らも後年私は藩財用について過半の力を藩札の運用に注いだと述懐していることから明らかなように藩札の運用を重視していたことや、よく研究をして紙幣の利害を熟知していたことにあることは言うまでもないが、それはそれとして、方谷が財政家としてすぐれた力量の持ち主であったことも否定できないであろう。

七　軍制改革

備中松山藩の軍制改革の濫觴は、弘化四年（一八四七）に求められる。同年方谷は銃砲の利および軍制改革の必要を痛感し、自らこれを修めようとした。そこで下曽根金三郎について洋式の高島流砲術を修行した津山藩士天野直人のもとに遊学して、臼砲・忽微砲および銃陣の大要を伝習した。方谷は、本源寺に仮住まいをして、昼は伝習に励み、夜は有志者のために『古本大学』を講義し、一カ月あまりで帰り、直ちに二砲を鋳造して一藩に伝授し、漸次古流の陋習を一洗した。さらに方谷は、庭瀬藩老渡辺信義に火砲の術を問い、ますます造詣を深めた。その後、再び津山に赴いて砲術を伝習して帰り、松山城下の南郊で試射している。

儒学者であった方谷が、軍事にも熱心であったのは何故であろうか。方谷は「七旬有苗格論」で、「夫文武相済。猶二両輪之相須而行一也。然威武之不レ立。文徳不レ可二得而敷一。（中略）今昌平之久。所レ患者。独非二文弱一乎」と論じ、文武は両輪、「然れども、威武の立たず、文徳得て敷くべからず」と述べて、文と武を兼ねることを主張した方谷がもっとも尚武に心を注いでいたこと、つまり尚武が方谷の軍制改革の思想的背景をなしていたことがうかがえる。

嘉永三年（一八五〇）士道頽廃の現状を「以之外之儀」と憂慮した藩主勝静は、書取をもって、

乍レ去武備厳重と申は、武器等之揃候而已には無レ之、家中一統武道相嗜候義専一候。武道と申は、武芸而已を学と心得候而は相違之儀、文武両道之大要致二研究一、武士之常道を与レ得相心得可レ申候。

と達したが、これは国勢の盛んになるは、士の正しきより起こる。士風を正しくするは、文武を励ますにありとの考えに基づくものであった。かくて藩士は、藩校有終館に出席して文武に励むことを勧奨された。春秋両度には、藩主邸で文武の藩士を選んで諸役人立会いのうえでこれを試し、優秀な者には藩主自ら書物の編章を選んで特別に購読させ、武術も、藩主自ら敵手を選んで特別に試合をさせることがあった。これを特試といって、皆その選にあずかることを栄誉とした。文武奨励をする必要があったのは、当時吏職を重んじ、文武を重んじないという憂慮すべき藩風が、みなぎっていたからである。

安政二年（一八五五）武備充実厳令が出された。従来御勝手不如意から武備手当

てもすたれがちであった現状にたち、一昨年来時勢が一変して軍用第一の世となり、実に容易ならない入用が嵩むことになったにもかかわらず、その入用を賄うこともできないほど藩財政窮乏の状態であるから、「実用虚飾の差別細に致二分別一、富国強兵両全に至候様可レ被二誠精一」と武備入用取調掛へ達した。そして次の条々を達し、武備の充実を図った。

一、大砲始諸武器古今の時勢相弁へ、先格に不レ泥、今世の実用に相立候様可レ被二相考一事。

一、玉薬火縄箭弦馬飼料等の儀者、平日失費夥敷事故、稽古向に於て無用の費相省、有余の外貯置、大事の節実用に備様可レ被二相考一事。

一、御家中え御軍用に付被レ下候御手当等、当日の暮方に費不レ申様可レ被二心付一事。

一、文武修業の為御戻被レ下候現取五歩の外、元より暮方に費候向は有レ之間敷候得共、是亦厚可レ被二心付一候。右御戻を以武具等被レ調候向も有レ之、随分尤の事には候得共、道具のみ存候て稽古出精無レ之ては右趣意に難レ叶候間、同様心付可レ被レ申事。

大砲はじめ諸武器は、先格になじまず実用を考える。玉薬などについては平日の失費が夥しいので稽古にあたっては無用の費を省く。御軍用として下された手当などは、生活費としない。文武修業のために借上米の内戻された現取五分をもって、武具を調えることはずいぶん尤もなことではあるが、道具のみあっても稽古に一生懸命に努めなければ、武備充実の趣意にかなうことは難しい、というものであった。

方谷の経済は、無用を節して有用を豊かにするにあったから、文武の費途に対しては、財を投じて吝むところがなかった。藩士の中級以上には甲冑・銃器を自弁させたけれども、中級以下には藩庁がこれを購入して貸与したので、このためその費用は巨額に上った。また大砲数十門を鋳造して、城門内に陳列するなどをしたので、諸藩より来て見る者は、小藩にもかかわらず武器の整備されているのに驚嘆しない者はなかったという。

方谷は、「洋法銃陣を観る」の漢詩で、

銃砲は軽且つ利なり

鼓角は激しく高し
百錬　機は皆熟せり
一場戦えば鏖にすべし
兵規は彼の長を取り
士気は吾が豪に由り
中原の事に努力せば
大勲は爾曹に在らん

と詠じ、西洋流の銃陣は大変軽快で利であるが、兵規は西洋の長を取っても、士気は我が豪によるのが方谷の立場であった。方谷が洋陣調練を城下桔梗原に操練するのを見た長州藩士久坂玄瑞が、「時ニ長藩銃陣、尚精錬ヲ欠ク」と言って嘆賞して去ったと伝えられている。

軍制改革上もっとも注目されるのは、農兵制の創設である。これは、幕末期に幕府および多くの藩において創設されたが、備中松山藩ではいちはやく、嘉永五年（一八五二）方谷が郡奉行を兼帯したのを機として創設された。備中松山藩は山間に僻在し、東西は数里にすぎなかったけれども、南北二〇里に近く、有事の際には封境の守備に苦しむ状況下にあったから、農兵制の創設は緊要の問題でもあった。また方谷は、早くから西洋銃陣（洋式兵制）の利に注目して採用するにあたって、旧習を固守した藩士に反対された。そこでまず農兵を組み立ててこれに習わせ、漸次藩士に及ぼしていこうとの苦心の配慮もあったのである。

では、方谷は農兵という構想をどこから得たのであろうか。それは、方谷の西洋兵制に関する知識に由来する面なども当然あったであろうが、より基本的には、明朝の王陽明を通じてであったと言えよう。そのことは元治元年（一八六四）に方谷が作った「冬農兵を編する作。三首」によって明らかであろう。三首の大意は、王陽明が南方のつつみで戦った戦いぶりは手本とすべきものがある。その絶妙の戦いぶりは、さらに深く、手段や方法以外に求めなければならない。王氏（王陽明）の良知の学説こそ用兵の根本と深く信じ、それを推し進めたい。あの浙東地方の戦勝を証拠として、十分にこの方法を堅持して、烏合の衆とも言える農兵を指揮すれば、弱兵を強兵に変えていくことはどうして困難であろうか、である。

王陽明は、民兵（農兵）を編成し、文官でありながら多くの反乱を平らげ、その輝かしい武功は明朝第一と称せられる天才的な用兵家であった。この陽明に方谷がいかに傾倒していたかは、前述の詩や臨終に当たって愛読の『王陽明全集』を枕上に安置して悠然として逝ったことなど、によってうかがうことができる。

備中松山藩では、庄屋の壮者を選んで銃剣の二技を学ばせ、帯刀を許して庄屋隊を編成し、次いで領内の猟夫および壮丁を集めて銃隊を編成し、銃器衣糧一切を給付した。庄屋には月三回教導の任務に当たらせ、農隙を利用して西洋銃陣を習練せしめた。毎年二回農兵頭がこれをその地方に試し、初め三年に一回城下に会集・操練せしめたが、のち毎年となった。

「兵制に不レ限、何事も上下の差別無レ之、自身手を下し迅速に事を成候は、西洋之長所に候」、「貴賎之間隔を甚敷し、虚威を養ひ、困循□□（不明）誤は、本邦之流幣にて候」と述べて、門閥身分制度が富国強兵の最大の障壁であることを指摘した方谷は、農兵に西洋銃陣の訓練を施しても、農民が西欧思想の骨髄である四民平等の精神を得なければ、「所謂竜を画き眼を点ぜざると同様之事」であるから、その教育のために「発奮いたし、身にある限は尽力可レ致候」との堅い決意を示し、農兵に対する訓練を自ら行った。

方谷が建議して初め農兵（郷兵）六大隊と市兵隊が編成されたことは、進鴻渓の手記『方谷先生遺行瑣録』によって知られるが、詳しいことは不明である。藩政改革期後にはなるが、元治元年（一八六四）の「郷兵組割締方等諸事録」によって具体的に知ることができる。それによると、当時、西北、西南、西、東、東北、東南、郷兵の八大隊の編成で、農兵頭（大隊長）には藩士が、大締り（中隊長）には大庄屋が、小締り（小隊長）には庄屋があてられたこと、西洋規則に基づく調練が行われていたこと、郷兵の取り立ては非常事変に備えてのものであること、軍事についてはすべて頭々の指揮に従うこと、平日は銘々本業を怠らないこと、士分の風体を好み身分不相当の振る舞いを堅くしてはならないこと、などが知られる。そして、そこには、郷兵はあくまで農民身分の兵であることが強調されていることが注目され

図３　調練之図并差図之語（山田方谷全集第二冊より）

備考　原本方谷先生手筆の図６枚の内の１枚。マルスは進むことでオランダ語。

る点である。

なお農兵の活躍についてみると、第一次長州征討の時、かって編成した農兵一二〇〇余人を配置して、封境の守備に当たらせるとともに、征長に野山地区から農兵一小隊を出陣させるなどをしている。また玉島海上で水軍の砲撃演習も行っている。

八　民政刷新

嘉永五年（一八五二）郡奉行を兼任した方谷は、勝静の「兼て申聞候民政の儀は、大切の儀に候へば、奉行共へ心得方其許より厚申聞置候様可レ致候事」との意を受けて鋭意民政に力を注いだ。

安政二年（一八五五）には、方谷は撫育の急務について、

藩国の御天職は、乍レ恐御家中諸士并百姓町人共を御撫育被レ遊候に有レ之御事と奉（ママ）レ候。其御撫育の方は、無レ限事に御座候へ共、先づ差当り御急務と可レ申

者、御家中は御借り上米を御戻被レ下候に有レ之、百姓は課役を減し、難渋村を御取立被レ下、町人は金銭融通を付、交易を盛に被二成下一候に有レ之候儀と奉レ存候。

と上申している。方谷が一貫して貫いた藩政の方針は、士民の撫育であったから、この時藩士・百姓・町人の撫育を急務として上申しているのである。藩士は封禄を借上米と称して天引きされ、農民は付加米として定納以外の賦課があったため、このことが藩士や農民の困窮の一因となっていたので、これを善処することが差し当たりの急務とされた。藩士には借上米を戻し、百姓には課役を減じ、難渋村を救うことであった。貧村には担当者を定めて米金を賦与し、また、庄屋中、三代以上の旧家で困窮する者があれば、米七〇俵を無利子で貸与し、一〇年賦をもって返納させた。ここにおいて旧家はその職を継ぐことができ、貧村もまた、その面目を改めることができた。旧家の引き立てを行うのは、これによって「人心自然と御上を奉レ頼候様相成、風俗も手厚」になり、ひいてはそのことが、御勝手を富饒にするとの考えからであった。

藩の弊風として、庄屋や豪農・富商が往々権力者に対して賄賂を贈る風習があったが、これを改めている。方谷は、この悪習に対して、収賄することは、「不レ覚不レ知大不忠ニ陥ルベシ」と述べて藩吏を常に戒めていた。

また、要地を選んで村に貯倉を設け、水旱・凶災の時、倉を開いて賑恤した。貯倉には高掛米を積み立てたが、規定数量に不足の際には、収納米で振り替えて積み立てた。そして、豊年にはその古米を売却し、新米に換えた。貯倉は次第に増設され、領内の四〇余か所に設けられるにいたった。城下南郊外に貯倉を設けて非常時の支出にあてた。また、別に村役人をして農民に諭させ、豊年にはその分に応じて米穀を積貯させて、非常・凶荒の備えとした。上房郡内の場合は、いずれも耕地一段歩あたり一合ないし二合の割合で、年の豊凶によってこれを定め、収納米とともに上納させて、貯倉に貯穀し、凶歳の時これを随時給与し、三年間貯穀して、その間不時の災害がない時は、御用商人に下げて、普通時価の六割位で売り払い、さらに年々新穀を積み立てた。

なお、貯倉の設置については、「方谷先生年譜」では嘉永五年「貯倉ヲ設ケ」となっているが、『山田方谷殖産事蹟抄』では、安政三年（一八五六）「租米貯蓄法ヲ設ク」、「是ヨリ先キ藩主ニ説テ曰ク。貯穀ナクンバ何ヲ以テ凶荒ヲ救ハント」とあることから、貯倉設置時期は、租米貯蓄法が出された安政三年のこととするのが妥当と考えられる。

元来、備中は小藩が分立し、そのうえ旗本知行所・幕領などが錯綜していたため、盗賊が横行し、このために領民が苦しんでいたので、方谷は小吏を精選して盗賊掛を置き、探索・逮捕を厳重にし、盗賊を厳科に処して治安を回復した。また、賭博が盛んに行われ、中人以下この弊習に染まらない者はないという状況であったので、これを禁じて、犯す者があれば片鬢および眉などを剃り落とすという厳科に処するとともに同心町の徒刑所を拡張して悪習を一洗した。

安政年間（一八五四～一八五九年）上房郡田井村・飯部村、阿賀郡正田村において、大いに開墾の業を起こし、また、上房郡竹荘・哲多郡奥七郷などに令して、次男以下に建築費三〇〇目、農具一五〇目を支給して自立を図らせるとともに、開墾に従事させたので、多くの荒蕪地が開かれた。

また、他国人で寄住する者の内より選んで富裕な百姓に預け、農業させて妻を迎えさせ、永住させせた。嘉永六年（一八五三）のペリー来航後、他領の海岸の住人で恐怖を逃れて備中松山領に来た者を、取り立てて土着させ、山間の地を開墾させせた。よって「村方人別年々相増、新田地段々相開け、惣て田地直段大に高直に相成候」という状況となった。もっとも田地の直段が高値になったのは、御用金がかからないところで、多分にかかるところは田地値段が下落して困窮という状況があった。

当時道路はおおむね狭隘で運輸交通に不便であった。なかんずく城下松山より賀陽郡種井村にいたる道路は、本道であったにもかかわらず、僅かに一条の狭路を通じるのみであった。そこで安政六年（一八五九）これを開き、人馬往来の便を図った。

その他、溝洫・河川を浚え、水利を通じ、郷校を各地に設立した。野山学問所は、備中松山藩が軍事的経済的目的から藩士の貧困なる者などを賀陽郡野山西村に移住させせた時、これらの藩士のために、安政五年学問所を設立して、文武の道を講ざせたのがその始まりである。城下鍛冶町の鍛冶町教諭所は、卒の子弟および庶民の子弟を教授するために、安政二年に設立された。賀陽郡八田部村の成章村校は、嘉永年間（一八四八〜一八五三年）同村神官池上多門を教授とし、同人居宅において仮に学校を開設し、安政元年にいたって初めて新築した。また、飛地の玉島にも郷校が嘉永六年に設立されている。

承応三年（一六五四）熊沢蕃山の発議により、岡山藩では諫ノ箱（目安箱）が設置されているが、備中松山藩でも嘉永三年方谷が、「御為筋は勿論、下方迷惑筋に可㆓相成㆒儀、目安箱へ書入候様、又候被㆑為㆓仰出㆒度奉㆑存候事」と献策している。備中松山藩では目安箱は総門外制札場に設置されたが、目安箱へは「家中領民」は誰でも「政治向より何事に不㆑寄存付候事」を記して投書できたが、その際姓名を署すことになっていた。毎月両三度、目付・徒目付が立会開箱のうえ、封書がある時には御用部屋へ差し出した。もっとも無名のものは、封のまま焼き捨てる規則で、その旨が掲示された。中には庄屋の不正を投書して藩庁に訴えている。庄屋が近年心得違いの取り計らいをなし、村方の者より出訴に及び、「御取弾」になった者も数々あるうえ、元治元年（一八六四）の秋以来、目安箱へ庄屋の不正の次第を申し立てて、訴状を差し入れた村方はすでに五、六カ村に及び、一々御聴に達したところ、容易ならないことどもを申し出ていることもあるから、訴人の名前の有無にかかわらず、「御取弾」しなければならないとまで藩庁をして憂慮させるほどの庄屋の腐敗ぶりであった。そこで藩庁は、今後庄屋として慎むべきあらましを別紙箇条書で示すとともに、庄屋が「心得違等閑に承り置」き、村方が不治になり、小前の者よりその旨の訴状を差し出すか、または、不正の儀を聞きこんだ場合にはただちに吟味を行い、少しでも不埒のことがあったならば、「第一役方理解不二相用一上、上意を蔑に致候罪科」を申し付ける旨を厳達して、庄屋の振粛を図っている。方谷による目安箱の設置は、庄屋の振粛という効果をもたらし、民政刷新の一端となったのである。

　庄屋振粛を図ることが大事であったのは、庄屋役が、「一村之長として、村中之事大小共其手を経候故、小前百姓之苦楽、御収納之増減、其取斗より起り候大切之役儀」であることは、民政を大事とする勝静は十分に認識していたことは言うまでもないであろう。また、方谷が若き日の随筆の一編に、村民の租税を納める者が、門外に立っている自分の前を通った。そこで慨嘆して思った。ああ、農民の苦労はひどいものだ。農民の血と汗とをしぼり取っている、とある。藩政改革前の農民に対する方谷の思いが分かる一文でもある。

万延元年（一八六〇）大石隼雄の元締役退任により方谷が再び元締役を兼ねているが、同年の作詞の中で、山村の生活の苦しさにいつも心を痛めている。年の瀬もおし迫った頃、寒さと飢えに苦しむ農民の難儀はいかばかりか、との温かい情愛を農民に寄せており、方谷の民政に対する態度をうかがうことができる。

むすび

方谷が元締役兼吟味役になったのは嘉永二年（一八四九）のことで、翌三年から鋭意藩政改革を断行し、元締役を退任したのは安政四年（一八五七）初頭のことであるから、在職は実質的には七年で、足かけ八年ということになる。

この間の苦労について方谷は、次のように述懐している。

創業の守成と相待て其業を成すや、春耕の秋穫と相待て其稼を成すに異ならず。此二つの者、其時各異にして、其事も亦大に変ず。（中略）是又創業守成事与レ時共変するの明験にあらずや。抑我松山藩、今の公（勝静）に至て、百度共張、庶政維新なるは、御移封以来所レ未レ聞なれば、中興中の創業と云うも可也。百職並挙の中に、理財の一途は、御初政より賎劣の余其事を主用して職にある事八年（嘉永三年戌より安政四年巳に至る）、其所為も亦時に応じて革レ故闢レ新の業にあらずと云事なし、是亦其職分中の創業といはざるべけんや。然るに職に臨むの初め二三年間は、只四方の銀主借財先など血戦のみして、崎嶇奔走に月日を送り、其事稍安くなりぬれば、海防震災風破御役成等の諸大費用続起り、一日の安を得ざる事、嗚呼ケ間敷乍二中分一、漢高一生の戎馬に似よりたる処あり。

「漢高一生の戎馬に似よりたる処あり」と述べているところにも理財一途であった方谷の労苦をうかがうことができる。

「山田方谷先生年譜」（『山田方谷全集』第一冊）には、安政四年（一八五七）「殊ニ我公寺社奉行ニ上リ、費途益々多キヲ致セルモ、略ボ十万金ノ負債ヲ償却セルノミナラズ、後遂ニ十万ノ余財ヲ見ルニ至レリ」の一文があるが、この一文をめぐって、一〇万の負債・一〇万の余財をもって手放しに方谷の藩政改革を賞賛する研究態度は眉つばものと評価すべきであろうとの見解もあるので、この点について考察してみたい。

否定的見解の論拠となっているのは、『岡山県名鑑』の方谷関係の記事と、『山田方谷全集』第二冊に「御改革前借財金十万両、此札万貫匁」と指摘しているが、改革による成果としての余財に言及していない、の以上の二点である。『岡山県名鑑』の記事の内容は、明治三八年に発行された『方谷先生年譜　完』と全く同一であり、ここから引用されていることは明らかである。『方谷先生年譜』付言に「三島中洲翁ノ細閲指導ヲ辱クス」とあって編集にあたって中洲が関与したことが分かる。中洲は一四歳の時方谷の塾に入り、安政四年備中松山藩に出仕した人物で、文久元年（一八六一）吟味格、文久三年吟味役、のち元締役となる。中洲は自らのことを「毅（筆注・中洲）もとより理財の才なし。先生（筆注・方谷）の成規に遵ひ、画一之を守る。（中略）而して先生幸に老いて健、故山に隠居し、なほ藩政に参ず。事毎に誨を乞ふ」とあって、中洲が方谷を範とする一方で、方谷もまた陰に陽に中洲を支援していた中洲が財政を経理していたことは、特に留意すべき点である。

方谷には次のような詩がある。

暴残　債を破る官に就きし初め
天道は還るを好み籌疎ならず
十万の貯金　一朝にして尽く
確然と数は合す旧券書

この詩の大要は、元締役になった最初にやったことは、藩の負債の暴残な処理であった。長州征討で備中松山藩は一〇万両の貯金を一度に使いつくした。この金額は、暴残な処理をした旧証券の額とぴったり一致するというにある。

以上のことを総合的に考えてみると、一〇万両の負債・一〇万両の余財の件については、肯定されるべきだと考えている。そのうえ、『方谷先生年譜　完』に「後、遂ニ十万ノ余財ヲ見ルニ至レリ」とあるにかかわらず、「後」を全く無視して安政四年の初めの元締役辞任の時点で一〇万両の余財としている論者があることにも問題がある。つまり余財一〇万両は、安政四年の辞任時点ではなく、それ以後のことであるということである。余財ということを究明していくうえで更に考慮すべきことは、当時が幕末動乱期という世相であったということである。

　この点について興味深い史料が『魚水実録』にある。それは方谷作成の表4「大

表4　大坂年割払過不足表

米価	嘉永二年	嘉永三年	嘉永四年	嘉永五年	嘉永六年	安政元年	
一両一歩	一、〇〇〇両不足	四、五〇〇両不足	四、〇〇〇両不足	同上	三、五〇〇両不足	一、〇〇〇両不足	復旧
一両二歩	二、〇〇〇両不足	一、五〇〇両不足	一、〇〇〇両不足	同上	五〇〇両不足		過三、〇〇〇両
一両三分	過一、〇〇〇両	過一、五〇〇両	過二、〇〇〇両	同上	過二、五〇〇両		過六、〇〇〇両
二両	過四、〇〇〇両	過四、五〇〇両	過五、〇〇〇両	同上	過五、五〇〇両		過九、〇〇〇両
二両二歩	過七、〇〇〇両	（内、四〇〇〇両御囲米足し三、〇〇〇両入用増し）					

坂年割払過不足表」で、いかに早くから方谷が米価に注目して藩財政の建て直しを米価の変動にも求めていたかがうかがわれる。また方谷には、米価に関する漢詩もあることは注目される点である。

安政六年（一八五九）には、外国との貿易が開始されて物価騰貴となり、それに加えて慶応三年（一八六七）王政復古の大号令による幕府廃絶、新政府成立という幕末動乱期にあっては、米価騰貴も当然という世情であった。幕末における一石単位の米価変動についてみると、幕末にいたって米価がいかに騰貴したかが分かる。

表5　米価変動

年代		単位1石
安政	4	銀87.3匁
	5	117.9
	6	112.4
万延	1	153.4
文久	1	170
	2	147
	3	160.9
元治	1	230.3
慶応	1	327.3
	2	953.5
	3	957.5
	4	663

『新版地方史研究必携』の内、必要部分だけの米価変動を示すと表5の通りである。

安政四年以降の幕末動乱期にあっていかに米価が高騰したかを念頭に、藩財政を論じるにあたっては是非とも考えてみる必要がある。
次の史料「現財物価高低比較の要」は、慶応二年（一八六六）の方谷の著述である。

一、嘉永御改革戌年（筆注・嘉永三年）より文久酉年（筆注・文久元年）迄、一二年間を以今日に比すれば、四倍に当る。壱両壱歩。

一、文久御切替戌年（筆注・文久二年）より今年迄五ケ年間を以今日に比すれは、二倍半に当る。弐両。

と。物価（米価）が、この間四倍なり、二倍半に高騰したことを指摘している。方谷は「今日の財用を理する根本は物貨（価）の高低」と述べ、米の領外への販売については、高価に売り捌くことを指示もしているし、方谷自身も米価高騰にも言及している。また方谷は、米価についても「米価の騰揚極まれり」、つまり米価の高騰は極度に達しているなどの漢詩を残している。

明治元年（一八六八）備中松山藩は朝敵となり、岡山藩の占領下に入った。以後、備中松山藩では上下をあげての旧藩復興運動を展開し、主家再興の歎願書を岡山藩を通じてしばしば新政府に提出するのみならず、有力公卿に賄賂を贈るなどもしている。

一方、領民も熱心に復興運動を展開している。三郡百姓惣代一九五人は、「大坂之始末ハ勿論、京都之思召如何ニ候哉不レ奉二承知一候得共、只管旧ヲ慕ヒ候心底左ニ奉二申上一候」として、藩主勝静のもとにおける藩政改革の恩恵により、「領民一同前領主之厚恩難レ忘存候事、小児之両親ヲ慕ヒ候様ニ御座候」と述べて、「出格御慈悲之御沙汰被二仰付一、前領主家名此地ニ而相続ニ相成候而、年来之厚恩万分之一モ相報申度」と、主家再興の歎願書を提出している。歎願書の性格上内容的にみて、「小児之両親ヲ慕ヒ」と少々強調されている面もあるが、領民の主家復興の要望にあたって、藩政改革の成功がうたわれていることは十分に注目されるべき点である。

以上、述べてきたような諸点から考えてみても、手放しに方谷の藩政改革を賞賛する研究態度には、問題が残るという見解もあるが、私は藩政改革は成功したと解する立場である。

安政四年方谷が元締役を退き、大石隼雄が元締役になったが、方谷はなお参政で御勝手掛であって、大石が元締役にあっても、嗣子が父の監督下に家政を執るがごとく、大事は必ず決を方谷に仰ぎ、一藩理財の大権は常に方谷の手中にあって、方谷の改革路線は継承されていたのであった。

なお、方谷は万延元年（一八六〇）大石の元締役退任に元締役となり、翌文久元年元締役を病気のため退任したが、御勝手掛となっている。御勝手掛は、元締役の上に立って、元締役の決を老職にとるや、必ず御勝手掛を経由したので、一藩財権は終にその手をはなれなかったのである。

藩政改革の成功は、改革を断行すべき意志と能力をもつ政治勢力の存在が必要条件となるが、備中松山藩には、優れた藩主勝静と優れた家臣方谷がいて、しかも両者の関係は水魚の交わりであったことから、備中松山藩の藩政改革は名君賢相型の改革であったといえよう。

藩政改革の成功により奏者番の勝静は、安政四年寺社奉行兼務となった。奏者番の本役より寺社奉行の加役が重要であることから、この職が奏者番によって競望された。奏者番兼寺社奉行となれる資格は、一万石以上の大名で帝鑑間か雁間詰の譜代大名であるが、二、三万石以上で寺社奉行になれば、将来は老中になれたのである。寺社奉行という役職は、自藩士を率いて奉行所を構成し、その費用は奉行である大名の自弁であり、そのために多大の経費負担を要したから、財政状態が良好であることが必要条件であった。ここに藩政改革の成功ということに、一つの意味があったのである。幕政に深くかかわることになった勝静は、二度にわたって老中となっている。慶応三年（一八六七）には老中首座として、朝廷への政権返上の大政奉還に関与しているのである。

　備中松山藩の藩政改革の成功は他藩にまで聞こえ、各藩より視察に来る者は後を絶たず、方谷に理財を問う者が、最も多かったという。長岡藩士河井継之助は、方谷の「君公への仕え方、事業に施し候次第、追々承知、如何にも慕わ敷く存じ奉り、修業中に、何卒一度は彼地（筆注・備中松山）へ立越し候て、暫くも従学仕らん」と考え、安政六年備中松山へ遊学して、方谷が藩政に施した事功を学んだが、継之助には経義や詩章などを教わるつもりは全くなかった。方谷が備中松山藩政のために行った諸般の事業は、継之助にとって模範とするところとなり、その結果、帰国後長岡藩政の中枢に立つことになった継之助は藩政改革を断行し、藩政で大きな業績をあげ、赤字を一年で解消し、翌年には藩庫に約一〇万両の財貨を貯えるにいたったという。

なお、河井継之助の旅日記『塵壺』には、松山来遊の人物として、会津藩士土屋鉄之助や同じく会津藩士秋月悌次郎の名がみえる。秋月は藩命で関西各藩を歴遊して報告の書一七巻を呈している。二人は、藩状および方谷の改革の実情を聴察している。

文久元年（一八六一）再び奏者番兼寺社奉行となった勝静の政治顧問として方谷が出府すると、藩政改革で成功したことで「経済家ノ名四方ニ聞ユ」の方谷に諸藩の重臣で財務について問う者が多かったという。

第四章

備中松山藩士の帰農土着政策

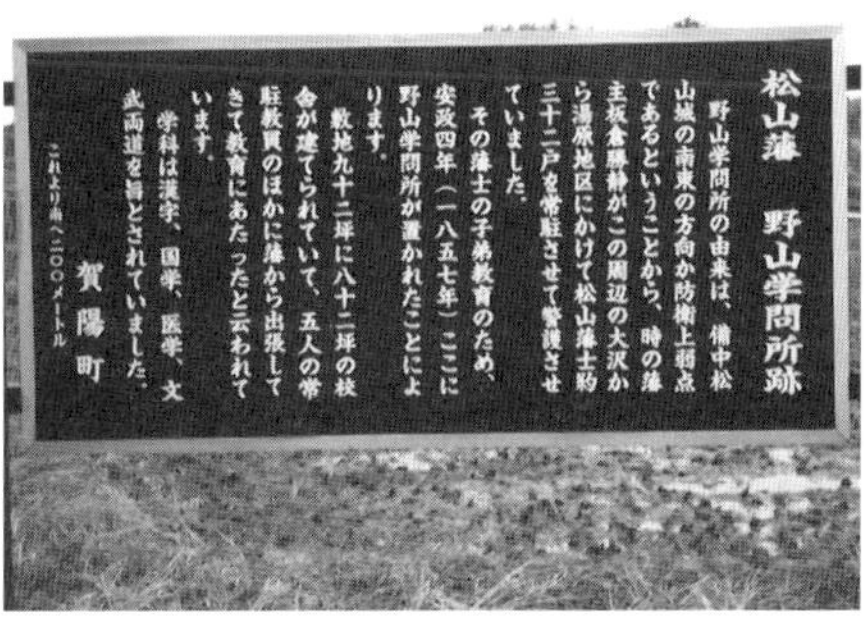

備中松山藩野山学問所跡

一　帰農土着政策の由来

備中松山藩の藩政改革に関連すると考えられる一つに、藩士の土着政策があるが、本章ではこれについて若干の考察を加えてみたい。

封建社会の経済的基盤はあくまで土地経済にあったから、商品・貨幣経済の発達は、封建制度の衰退と崩壊を導くものであった。そしてそのことは、端的には武士の窮乏となって発現した。要は、土地や農業生産から遊離して固定的な年貢米や俸禄米に依存して生活する武士が、生活の向上や商品・貨幣経済の発達によって窮乏化することは避けられないことであった。ことここにいたって武士の救済は必然的な問題となってきた。早くもこの打開策として陽明学者熊沢蕃山は、その著書『大学或問』で、

（省略）、士を民間に入さまになって、民ニ免一寸ゆるし給ふべし。如レ此自然

に高免に成て、民の悴たるは、士とはなれたる故也。士の在々に在付様にすべし。又士の心得にも、此後子々孫々生死を共にする普代の民なれば、民の為あしからぬ様にたしなむべし。軍役は民をつれて出る事なれば、常に人をおほくは抱をかず、二成にても三成にても足べし。番使《使番》もなく、公用の務もなし。同村隣里の士と往来するにも、台所へ入て語る様に成れば客の《に》人につかわるゝ事なく、少づゝの手作あれば、菜園の草を取やうなる事、慰ミ（の）養生ニ、下人の手伝シ、山野に狩シ、川沢に漁シ、風雨雪霜をいとはず、文武の芸を務、君の干城と成べき、真の武夫ならん。

と述べて、武士の帰農土着を説いているが、このことについては、蕃山自らも和気郡八塔寺村に諸士を率いて入植し、諸士には一槍一馬を具えしめ、かつ墾田せしめ、時に文を論じ、武を談じ、あい親しむること骨肉のようであったと従来から論じられてきた。その論拠とされたのが、岡山藩士湯浅常山の『常山紀談』で、「和気郡八塔寺は、備前・美作・播磨、犬牙の如く入まじりたる地にて、次郎八請取口とす。和気郡の中、便宜の地に因りて田を墾き、士数十人を土着とす。此時伯継を助右衛門と称しけり」と述べているが、従来からこの点について少々の疑問を持っていたところ、柴田一氏が『吉備の歴史に輝く人々』で、「蕃山は士鉄砲の組士をつれて八塔寺に入り、屯田兵制度を始めたとする俗説があるがこれは間違いである」と明確にこの点を否定され、その理由として、

（一）寛永九年（一六三二）池田光政の備前入封の時、組頭（後の番頭）池田佐渡が八塔寺村へ配され請取口になっているが、蕃山の知行地は和気郡寺口村（後の蕃山村）などで八塔寺村が知行地になったという記録はない。

（二）「田を墾き、士数十人を土着とす」とあるが、これは蕃山が取次で士鉄砲に取立て、これを蕃山組下の新組に編成したことを誤解したものである。士鉄砲は准士官の身分の村代官で屯田兵ではない。

（三）蕃山は番頭時代、学者の顔、侍大将（番頭）の顔、側用人の顔を持っており、特に側用人は光政の政治顧問で多忙をきわめていた。八塔寺村の奥に入って開墾したり、鉄砲の稽古などする暇はない。

との三点をあげているが、この点は、全く首肯されるところである。なお『常山紀

談』は読み物として流布したが、一応の考証は経ている著作であるとのことである。

二　備中松山城の地理的位置

方谷も蕃山と同様、「在宅土着者武家之古風に候て、国家安全之基」を理由に、藩士を城外各要地に移住土着させることの急務を熱心に藩主勝静に建議をしている。そこには、わが国古来の兵制が兵農一致であったという歴史的知識に支えられて、国家安全の基という考え方が発想されていることはいうまでもない。

備中松山藩では、野山西村で具体的に藩士の帰農土着政策を実施しているが、その理由はいろいろあるが、最大の理由は、まったく割拠戦争の場合の要害としての軍事的観点からであった。

野山が戦略上いかに重要な地点を占めていたかを明らかにするためには、まず備中松山城の地理的位置についてみる必要がある。備中松山城の北方より西方にかけて高梁川（松山川）が流れ、南方には鶏足山・高倉山が、東方には愛宕山・高陣山などの山々があり、あたかも屏風を引き回したる様相を呈しているのみならず、とくに南口の如きは高倉山と稲荷山とがあい迫ってわずかに交通できるのみであった。かかる地形が備中松山城の防禦上いかにすぐれた天然の防禦線を形成していたかはいうまでもないであろう。

しかもこれを備中松山城に限ってみても、備中松山城の所在する臥牛山は、東北方の一部が津川町佐与谷の連山に接するのみで、他の山々との連絡は完全に絶たれており、東北方の山面は、急傾斜で小高下に、また、西北方の山面も急傾斜となって高梁川の左岸に迫り、南側は眼下に城下町をひかえて、備中松山城は、まさに険要高峻な山城としての特徴を備えていたのである。

しかし、備中松山城にも弱点はあった。それは東北方の一部が山続きになっていたこと、すなわち、大松山よりわずかの鞍部を置いて臥牛山とほとんど同高の峯が連なっていることは、備中松山城の最大の弱点であった。なかんずく高陣山の如きは標高五〇六メートルであるから、臥牛山よりも二六メートルも高いことになり、したがって城内を俯瞰しうる位置にあったから、ここを攻囲軍が占拠することになると、まったく備中松山城の死命を制せられることになったのである。

それゆえ方谷が御目付石川伯介に与えた書翰の中で

御他領境より御本城に尤近間にて何の隔も無レ之地理は、野山に限候事故、彼戦争の節に当り、西国往来より御城を目掛け北へ向馳入候程の者、川筋一騎打の峡路を通り、高城を雲際に見上候様の拙策は決て致間敷、槙谷日羽口より直に野山へ打越し、御城へは平地を行如く、御府内をば眼底に見下し候は必然の事、

であるから、備中松山城の固めは野山が一番と述べて、その重要性を指摘している。

また、同書翰の中で軍事的重要性を説き、次のようにも述べている。

野山在宅の根本も矢張り今般御上書御申立の御趣意にて、全く割拠戦争の節、御城御要害の御手当と奉レ伺候。開発利益困窮取直等は其中の枝葉と被レ存候。

と方谷が強く指摘するように、野山方面は備中松山城にとって、第一の軍事的重要拠点であったのである。この点、津軽藩がまったく藩士の経済的窮乏を救済する目

的より藩士の帰農土着を実施したのと趣を異にしていたのである。

三　帰農土着の実態

帰農土着政策が、いつから実施されたかについては、次に述べるような見解の相違点がある。野山村に藩士を帰農土着させた年についてみると、『山田方谷全集』第一冊所載の「山田方谷先生年譜」によると、安政三年（一八五六）のこととして次のような記事がある。

是ヨリ先キ、封内野山村（藩城ノ東里余）ハ城東要害ノ地ナルオ以テ、藩士若干戸ヲ此ニ従ス。此歳、学問所ヲ設ケ、有終館文武諸教師ニ更番往キ教エシム。館ノ会頭狩野剛治（名信吉、昌平校ニ学ブ）亦請ウテ移住ス。

とあって安政三年のこととしている。

『高梁市史』には、「なお安政四年野山在宅を開始してから間もなく、土着藩士のために学問所を創設して文武の道を講じている」となっている。『上房郡誌　全』には、「安政年中藩士ノ貧シキ者ヲ此地ニ移住セシメ、田ヲ墾シ兵ヲ練ラシム。依テ安政四年初メテ学校ヲ設立シ文武ノ道ヲ講セシム」とある。また、方谷の事蹟中殖産に関するものを抜抄した『山田方谷殖産事蹟抄』には、「安政四年下臣ヲ賀陽郡野山村ニ移シテ開墾セシム」とある。安政六年に方谷に従学にやって来た長岡藩士河井継之助の旅日記『塵壺』に「此日、城の東に当り、二里計り在の野山と云所へ行、右は士を一昨年より遣ると云事也」とあって、帰農土着は一昨年としている。

『山田方谷全集』第一に所載の年譜を除いて、いずれも安政四年のこととなるが、綜合的な見地からみて、安政四年が妥当であると考える。

明治三八年（一九〇五）刊行、昭和一八年（一九四三）四版刊行の『方谷先生年譜　完』に対して、昭和二六年に刊行された「山田方谷先生年譜」（『山田方谷全集』第一冊）は単なる年譜ではなくて、年譜中にいわゆる史料も所収されていて他に類例をみない編集にはなっていて大変利用価値の高いものであるが、その後の研究成果の深化で、年代などで再検討の必要がある。

帰農土着については、その一端を「在宅藩士へ布達」（方谷手筆）によってうかがうことができる。

一、在宅土着者、武家之古風に候て国家安全之基たる儀に付、兼而其思召被レ為レ在候処、近来定府之向段々引越被二仰付一、尚又昨年公辺より被二仰出一茂有レ之、尚此上引越多人数に相成儀茂可レ有レ之、屋敷地面差支可レ申に付、今般書面之衆中在宅被二仰付一候。尤野山筋之儀者、御山城地続に而御要害之地に有レ之、且無主地多分有レ之に付、其筋え住居候得者、上下之為に候間、右村方え割付屋敷地被二下置一候。場所之儀は、屋敷奉行より追而引渡可レ有レ之候事。

一、普請之儀者、御定法通可レ被二成下一、手普請被レ願候向者、積銀被二下置一候。尤在方之義に付、少々宛之違者、事宜に従増減可レ有レ之レ事。

一、引移之節者、遠方之事故、家具等持運入用手当被二下置一候事。

一、役付之向者、役屋敷追而出来候迄、是迄居宅之内入用丈御貸被レ下候事。

詰中、中間壱人御貸被レ下候事。

一、番士之向者、休息部屋被二建置一候而、夜具等御貸被レ下候事。

一、文武稽古之向者、学問所構内に詰所被二建置一、止宿勝手次第之事。

一、御扶持米之内米請取之分者、年中入用丈前年冬村方収納之内より直請取に被二成下一、御蔵詰之足米者、相添被レ下候事。

炭薪諸品者、追而取調之上渡方被二成下一候事。

一、居宅近辺に有レ之候無主田地作配被レ致度向者、取米相応之地面被レ下、其地より納候定米を以御扶持方え被二宛行一、永々持地に被二成下一候間、家来差置手作被レ致候共、又は下百姓仕付候共、勝手次第たるべく候。百姓仕付之向者、村方新百姓付候通手当銀可レ被レ下候事。

持地に相成候地面諸掛り物等は、村方並に差出村役人え無二延滞一可レ被二相渡一候事。

右之外者、取締方之御法令被二仰出一候事。

江戸定府引越しの向城下屋敷不足が、帰農土着政策の一理由になっていることや、帰農土着は、「上下之為に候」とも言っていることは注目すべき点である。具体策としては、普請は御定法通り、手普請は積銀を下される。家具等の持運びの入用の手当も下される。文武稽古の者は、学問所内詰所に止宿勝手次第である。無主田地を作配したい者へは、取米相応の土地を下され、その土地から納める定米を扶持方へ宛てがい、永久の持地とするから、家来を置き手作りしようと、下百姓を仕付けようと勝手次第である。百姓仕付は村方新百姓同様手当銀が下される。持地となった土地への諸掛り物などは、村方や差出村役人へ延滞なく渡すことなどが、布達された。なおこの時設立された野山学問所は、藩校の延長としての郷校であった点で注目される。帰農土着藩士に文武の道を講ぜしめるための学問所であって、教則・学科学規試験法および諸則は、専ら藩校有終館の則によった。教員五名の内の一名は、有終館会頭が順次交代で一〇日ずつ詰め、この詰中は一人扶持を給与された。学校経費はすべて藩費であって、学費を藩士に賦課するなどのことはなかった。

野山方面への帰農土着といっても、無主地などの関係もあって無制限にはできなかったことはいうまでもないが、ではどのくらいの藩士がここに土着したのであろうか。明治七年（一八七四）に作成された「備中賀陽郡西村居住、旧高梁領より移住貫属士族屋敷地の絵図」によると、当時明屋敷になっているものもあるが、人数は二九名となっており、これだけの人数が帰農土着したことになっている。その内、侍帳によって禄高が確認できる藩士についてみると、表6「帰農土着藩士禄高表」の通りである。この表にみられるように、帰農土着政策には、貧賤な藩士のためという経済的な側面もあったのである。

次に慶応元年（一八六五）の「新開改帳」で判明する一八名の藩士の田畑所有高

表6　帰農土着藩士禄高表

禄高		人数
元高	五〇石・此現米二〇石	三名
元現米	一〇石二人扶持	一名
〃	九石二人扶持	二名
	八石二人扶持	一名
	七石二人扶持	一名
	六石二人扶持	三名
	五石二人扶持	一名
	三石五斗二人扶持	一名

備考　人数は判明した分のみ掲上。
「旧高梁藩士籍」より作成。

をみると、上は一段九畝五歩半から下は一六歩である。しかも上田は皆無、中田三、下田二、下々田八であって、畑にいたっては一八の畑すべてが下々畑であって、生産力の低い田畑が圧倒的に多いことが注目される。これは無主地の新開ということなどの条件もあったことに起因するものと考えられる。

次に藩士の在宅配置についてみると、これら藩士の野山西村への帰農土着をさせた最大の理由が、まったく割拠戦争の場合の手当てとしての軍事的観点からであったから、その配置も戦略的に計画されていた。すなわち、「備中松山藩士土着地図」の㋑から㋷に二九名の藩士を配置したが、その人数は㋑一一名、㋺七名、㋩一名、㋥三名、㋭一名、㋬一名、㋣二名、㋠一名、㋷二名であった。東端北村との村境日井高たわをひかえて松山往来を挟む南北㋑と㋺に主力を置いて一八名を配し、柏木・湯原・仕形畝・楢井へと連絡網を作り、本城へ通報する。また、南方日羽往来の入口実光に一名を配して野伏の二カ所を経て大向の本部への連絡線を作り、敵の来襲を連絡できる態勢を整えていた。なお仕形畝には、番所も置いてたという。野山学問所と官倉二棟があった所は㋑であった。

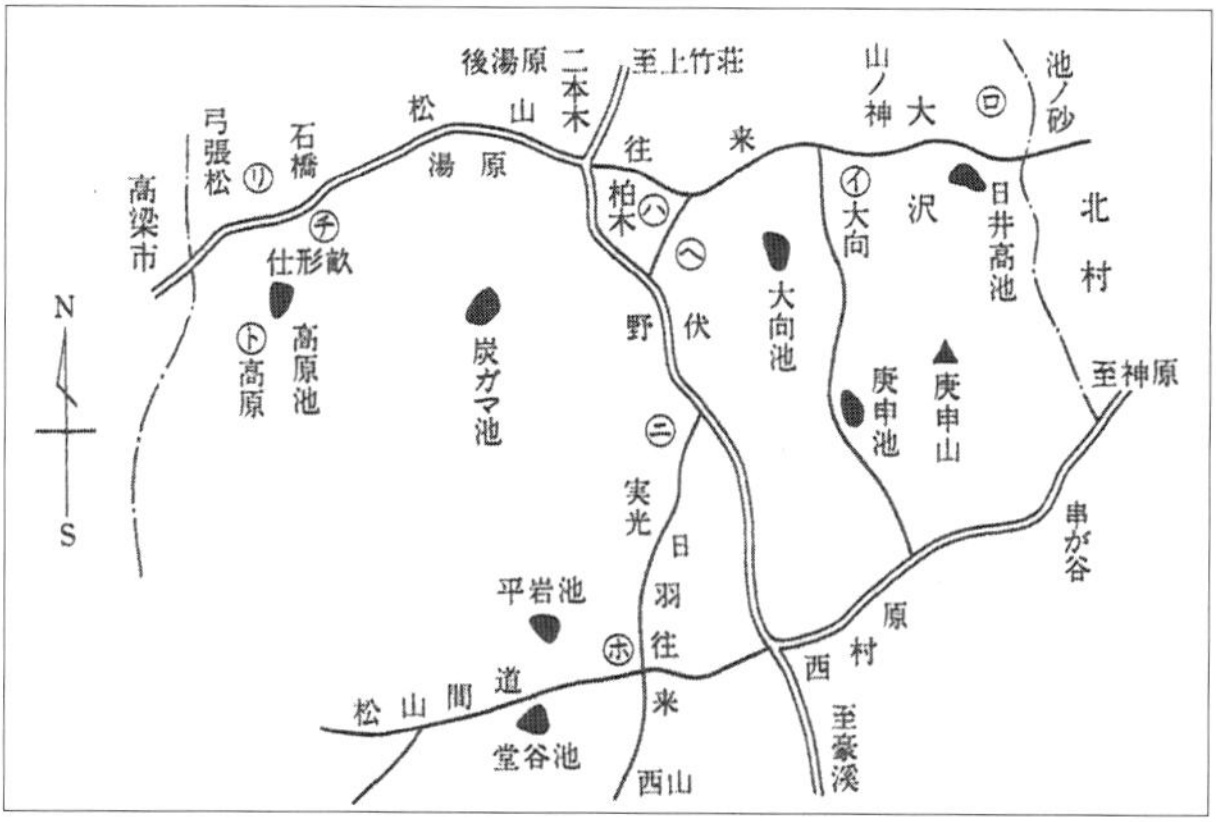

図4　備中松山藩士土着地図

備考　㋑字大向—大沢から庚申池を経て原へ通じる道の東がわ山手、11軒
㋺字山ノ神—池の砂から大沢へ越えた右手の山際、７軒
㋩字柏木、１軒
㋥字野伏—野伏から実光へ入口の右手山すそ、３軒
㋭字実光、１軒
㋬字野伏、１軒
㋣字高原—高原池の奥、２軒
㋠字仕形畝、１軒
㋷字石橋・弓張松、各１軒

備考　明治７年作成の地図には、以上29軒が記されている。
『大和村誌』より作成。

かかる帰農土着政策の実施にあたっては、藩士らの反発があったことはいうまでもない。江戸封建社会にあって武士が自ら手に農具を持ち、額に汗し、泥土にまみれることなどは、面目上耐えられぬ苦痛であった。したがって、かかる政策を打ち出した方谷に対して、強い反感を示し、城下に住みなれた藩士らは、「方谷われをして山谷に苦しましむ」と言って、方谷を恨むこと「寇讎の如し」という状況であったのは、けだし当然のことではあった。しかし、最初帰農土着政策に対して強い反発を示していた藩士らは、四、五年も住みなれるにしたがって、その閑静にして費用少なく、諸事簡易であることを喜ぶにいたり、城下住みの藩士まで帰農土着を願う者が多くなったという。

在地農民と帰農土着藩士との折り合いがどうであったかについては、次のようなことであった。西村庄屋難波家の記録に、吉凶につけて帰農土着藩士と喜びや見舞品の贈答をしたり、旅行の土産物を届けた記事があることや、「お侍と言うものは怖いものだと思っていたが、いざ来てみれば矢張り冗談も言うし、風呂入りに来ておそくまで話して帰ったり、若い娘でもいたらからかったり、くるったり、炬燵へもあたられるし、おもしろかった」とあることから、津軽藩の帰農土着が、農民に対する種々の弊害を生じたのとは異なって、その関係はかなりうまくいったものと考えられる。津軽藩では、藩士が農民に対して傲慢で、農民を苦しめてその反感を買ったり、また農民を勝手に使役したり、更には種々の役銭を賦課するなどをしている。そして、藩士が不法行為を行って農民を苦しめたことに対して、藩庁をして「不埒之至」りとまで言わしめているのである。

　多年にわたって藩士の帰農土着を主張してきた方谷は、安政六年（一八五九）自らも願い出て、西方村長瀬に帰農土着してその範を示している。このことは方谷にとって「先祖之姿に復候に茂相当り、別而難㆑有仕合奉㆑存候」であったのである。方谷は平素は城下の藩邸に居住して、暇があれば長瀬に帰り、対岸の水山（端山）の急斜面の荒地を開墾している。方谷は城外北方新見方面への要地である長瀬に居住しただけでなく、江戸で遊学中の嗣子耕蔵への文武修業についての書簡で

　兼々申聞候通、修業中第一可㆓心得㆒は土着之事に候。都人士は勿論御城下風に相成候而も不㆓相成㆒候。山野素樸之武夫に可㆑成と可㆓心掛㆒候。成業帰郷之上

は土着之事相続、開墾地等益手広に致、譜代之郎等成丈多人召抱、自然之節は一方之御備とも可㆓相成㆒と、不㆑及迄も心掛可㆑申候。只今在宅よりは、御役は勿論、学館教授等も不㆓相成㆒事は能分り候儀存候。右様之念慮は一切断切、極意一条槍を以、御高恩奉㆑報候様覚悟尤肝要也。

と述べて、修業中に第一に心得うべきことは、帰農土着のことのみである。山野素樸の武士になることを心掛け、修業がなって帰郷のうえは帰農土着のことを相続して、開墾地などをますます手広くするように、一すじの槍をもって御高恩に報ずる覚悟が肝要であると、修業中の心得をさとしている。ここには、方谷の帰農土着に対する熱い思いをうかがうことができる。

あとがき

私はもともと歴史に興味・関心はあったが、本格的に歴史のことを研究しようと考えたのは、大学に進学してからのことであった。それも日本史よりは、西洋史の方に興味・関心があったので、大学の学部時代には西洋史を選択してギリシア史・イギリス史・アメリカ史を研究したが、中でもアメリカ史の研究に没頭するようになった。大学院を受験した時、面接で貴方は学部で西洋史をやりながら何故西洋史をやらないで日本史をやるのかと聞かれて、私は外交史をやりたかったのでまず学部で西洋史を研究し、大学院に進学したら日本史をやろうと考えていたからですと答えたいきさつで、初め外交史、特に日米外交史の研究をしたが、大学院修了後次第に幕府政治史へと移っていき、「大老井伊直弼の立場」（『史泉』一九号）、「安政年間の将軍継嗣問題について」（『史泉』二六号）、「公武合体—和宮降嫁を中心として」（『歴史評論』一六二号）などを発表した。

この時感じていたことは、いわゆる維新史における最後の勝利者が薩摩・長州であったことから、多くの研究が特に薩長中心としたものであったということであった。このことは当時としては当然の成り行きであったとはいえ、幕府政治史に興味・関心を持って研究をしていた私としては、もう少し幕府側の立場から幕末・維新史を究明していくべきであって、このことを通じてこの時期の歴史の全貌はより明らかになるのではなかろうかと考えるにいたり、更に研究を進めた結果、備中松山藩主で二度にわたって老中になった板倉勝静に行き着いた。勝静は慶応三年（一八六七）の幕府による大政奉還の時老中筆頭としてこのことに深く関与していることを知るにいたり、板倉勝静の研究に没頭するようになった。そうして、山田方谷が勝静のブレーンとして重要な役割を果たしていることに知るにいたり、その後は、方谷の研究に力を入れることとなり、『幕末の閣老板倉勝静』（福武書店刊）以後、『備中聖人　山田方谷』（山陽新聞社刊）をはじめとして方谷関係の著書を多く発表することとなったが、また、大学院生時代に恩師横田健一教授から岡山県出身なら岡山県のこともあわせて研究するように言われ、教授所有の山田方谷関係の『魚水実録』を貸与されて読んだことが、方谷を研究するようになった一因でもあった。

現在、方谷研究の中で一番問題になっているのは、方谷による藩政改革の成果をめぐって肯定と否定の論があることである。もちろんこの見解の相違の根底には、史料の取り扱いをめぐっての問題点などがあることはいうまでもないが、以上の点からして私としては、ぜひとも備中松山藩の藩政改革について論じてみる必要があるのではないかと考えるにいたった。

私は方谷の研究にしても、史料吟味をした上での史料に基づいて、方谷の研究がなされることが歴史研究の基本ではないかと考えている。それに加えて幅広い視点も必要ではとも考えている。一つのテーマを研究する場合、政治・経済などの各分野をひっくるめた総合的な、しかも実証的な研究がなされることが、真の意味の歴史研究ではないかとも考えている。さらに言えば、世界史の視点をも取り入れた日本史となるべきであろう。

今回私にとって問題点となった一つ目は、方谷の藩政改革の成果を肯定する論と否定する論があることであったが、もう一つの問題点は、私は熊沢蕃山から思想面で多大の影響を受けたと考えているが、その際特に問題と思ったことは、蕃山の帰農士着に関する史料が十分に内容が吟味されずに、蕃山の帰農士着に関する論が展開されているのではないかとの思いがあった。それは、岡山藩士で漢学者でもあった湯浅常山著の『常山紀談』の蕃山に関する記事であった。かねてから内容について疑問を抱いていたが、この件について柴田一氏の御教授もあったことが、私の今回の執筆のもう一つの動機となった。

方谷は、陽明学者として活躍したばかりでなく、備中松山藩の藩政改革を断行するとともに老中となった勝静の政治顧問ともなった人物である。方谷のこのような経歴から、最近、行財政改革という現代テーマから脚光を浴び、注目されるに至っているが、方谷に関心を寄せる研究者をはじめ多くの方々によって、方谷の更なる研究が深められることを望み、期待もするところである。

本書を出版するにあたって、吉備人出版の金澤健吾氏には特にお世話になったことに対して、感謝の意を表し衷心より御礼を申し上げたい。

山田方谷略年譜

年号		西暦	年齢	方谷関係事項
文化	2	一八〇五	1	備中松山藩領の阿賀郡西方村に生まれる。父五郎吉、母梶。
	6	一八〇九	5	新見藩儒丸川松隠の塾に学ぶ。
	7	一八一〇	6	新見藩主に召され、字を座前に揮う。
	10	一八一三	9	丸川塾にて神童と称せらる。客の問に「治国平天下」と答える。
文政	1	一八一八	14	母、梶没す。
	2	一八一九	15	父、五郎吉訓戒十二条を方谷に遺す。五郎吉没す。
	3	一八二〇	16	叔父、辰蔵に代わり家業を継ぐ。
	5	一八二二	18	家業と学問に励む。
	8	一八二五	21	篤学の名四方に広まり、藩主から二人扶持を給され、学問所での修業を許される。
	10	一八二七	23	初めて京都に遊学して寺島白鹿に学ぶ。
	12	一八二九	25	再び京都に上り寺島白鹿に学ぶ。藩主より苗字帯刀を許される。八人扶持を給され、中小姓格に上り、藩校有終館会頭となる。
天保	2	一八三一	27	本丁の邸宅を焼失する。三たび京都に上り、寺島白鹿に学ぶ。
	4	一八三三	29	『伝習録』を抄して自序の文を作る。江戸遊学を許され、江戸に入る。
	5	一八三四	30	佐藤一斎の門に入る。
	7	一八三六	32	佐藤一斎を退き、帰国する。有終館学頭となる。
	9	一八三八	34	家塾の牛麓舎を開く。

年号		西暦	年齢	方谷関係事項
天保	13	一八四二	38	松平寧八郎（勝静）が勝職の養嗣子となる。
弘化	1	一八四四	40	世子勝静入封し、方谷と講学討論する。
	2	一八四五	41	勝静に従い、領内を巡回する。
	3	一八四六	42	近習役を兼ねる。
	4	一八四七	43	津山藩へ赴き、天野直人に洋式砲術を学び、帰国して二砲を造り、藩士に伝授する。また、庭瀬藩の渡辺信義に火砲技術を学ぶ。
嘉永	2	一八四九	45	藩主勝職が隠退し、世子の勝静が藩主となる。元締役兼吟味役を命じられる。
	3	一八五〇	46	この年から藩政改革を断行する。大坂に出向して領主と会談する。
	5	一八五二	48	郡奉行を兼ねる。
	6	一八五三	49	アメリカ使節が浦賀に来航する。翌年（安政元年）日米和親条約が締結される。
安政	2	一八五五	51	士民撫育の三急務を上申する。
	3	一八五六	52	年寄役助勤となる。
	4	一八五七	53	元締役を辞める。
	5	一八五八	54	安政の大獄が始まる。日米修好通商条約が締結される。
	6	一八五九	55	請うて西方村長瀬に移居する。
万延	1	一八六〇	56	再び元締役を兼ねる。桜田門外の変で大老井伊直弼が暗殺される。
文久	1	一八六一	57	江戸にて勝静の顧問となる。元締役を辞める。勝手掛となる。
	2	一八六二	58	老中勝静の顧問となる。致仕を許されて、年寄役に準ぜられる。

山田方谷略年譜

年号		西暦	年齢	方谷関係事項
文久	3	一八六三	59	京都にて勝静の顧問となる。
元治	1	一八六四	60	長瀬対岸の瑞山（水山）を開墾して草庵を構える。勝静の第一次長州征討出陣により、留守の兵権を委任される。
慶応	1	一八六五	61	勝静再び老中となる。
	2	一八六六	62	備中騒動に際し、一隊を率いて出陣し、野山口を守る。
	3	一八六七	63	京都にて勝静の諮問に答える。帰郷を許される。徳川氏善後策について意見数十条を勝静に呈す。大政奉還、次いで王政復古の大号令が出される。
明治	1	一八六八	64	朝敵となり、無血開城をして岡山藩の占領下に入る。玉島事件で熊田恰が自刃する。
	2	一八六九	65	長瀬の塾舎を増築して子弟教育に努める。高梁藩二万石で再興がなる。
	3	一八七〇	66	丸川松隠の墓（新見、雲居寺）を拝す。小阪部に移居して子弟教育に努める。
	4	一八七一	67	明親館の開校に臨み『大学』を講義する。高梁藩から高梁県となる。
	5	一八七二	68	旧藩主勝弼より二人扶持を給せられる。外祖父母を葬る金剛寺域に小庵を営む。
	6	一八七三	69	初めて閑谷に赴き、閑谷精舎で子弟教育に努める。以後、春秋二回督学する。十月閑谷に赴き、王陽明の説により『孟子養気章』を講義する。知本館に赴き『大学』を講義する。
	7	一八七四	70	温知館の開校に臨み『論語』を講義する。
	8	一八七五	71	高梁にて勝静に対面する。長瀬に勝静三泊する。
	9	一八七六	72	方谷の閑谷行き、知本館行きが最後となる。
	10	一八七七	73	病勢再び進み、小阪部で亡くなる。枕元には勝静から贈られた短刀・小銃と『王陽明全集』が置かれた。西方村の墓地に葬られる（現・方谷園内）。

主要参考文献

『魚水実録』乾坤　国分胤之編　旧高梁藩親睦会　明治四四年
『方谷先生年譜　完』山田準　高梁方谷会　明治三八年
『山田方谷全集』第一～三冊　山田準編　山田方谷全集刊行会　昭和二六年
『高梁市史』　高梁市史編纂委員会編　高梁市　昭和五四年
『増補版高梁市史』　増補版高梁市史編纂委員会　高梁市　平成一六年
『板倉伊賀守』　田村栄太郎　三元社　昭和一六年
『備中松山藩の研究』朝森要　日本文教出版　昭和四五年
『幕末の閣老板倉勝静』　朝森要　福武書店　昭和五〇年
『山田方谷・三島中洲』　山田琢・石川梅次郎　明徳出版社　昭和五二年
『増訂備中松山藩の研究』　朝森要　日本文教出版　昭和五七年
『山田方谷の詩―その全訳』　宮原信　明徳出版社　昭和五七年
『備中聖人山田方谷』　朝森要　山陽新聞社　平成七年
『山田方谷』　山田琢　明徳出版社　平成一三年
『山田方谷の世界』　朝森要　日本文教出版　平成一四年
『幕末史の研究―備中松山藩―』　朝森要　岩田書院　平成一六年
『山田方谷のメッセージ』　太田健一　吉備人出版　平成一八年